中学校国語 文学の発問大全

小林康宏［著］

明治図書

はじめに

生徒が、自分たちで協働して課題を解決する力をつけるために「対話的な学び」は重要です。

自分で見つけた課題に対して、少人数で話し合いながら結論を導き、プレゼンテーションソフトに載せ、いきいきと発表をする。自分で課題を見つけ、話し合いをして、発表をして…と、生徒が活躍する授業は、大変魅力的に映ります。けれども、管見の限り、未熟な読み手である彼らの発表内容は、実に浅く、拙いものになりがちです。

一方で、文学的文章を教材にした単元になると、教師が自身の読みに基づいた解釈を延々と生徒に説明するような授業も見受けられます。教師の解釈自体はすばらしいものだとしても、自分でたどり着いた解釈ではないものを聞かされるだけの生徒に何が残るのか、甚だ疑問です。

優れた文学作品を教材とした授業を行っていく中で、生徒にその作品ならではの世界を捉えさせ、教材文の内容を解釈させていきたいものです。そのために教師にとって必要なことは、教師自身が教材文と対峙した後、考える価値のある「発問」をつくり、投げかけ、生徒たちの力で読み取らせることでしょう。

本書では、そのような発問づくりの具体を、11の教材を通して提案しています。作品の価値に迫る授業づくりの一助になれば幸いです。

2022年5月

小林　康宏

もくじ

第1章から第11章は、それぞれ以下のような構成になっています。

1 教材解釈と単元構想
①単元の中心発問につながる教材解釈
②単元構想と発問
③発問で見る単元の見取図
2 発問を位置づけた単元計画
3 授業展開例

序章
発問から文学の授業づくりを考える

文学的文章の価値に迫る発問をつくるには、まず教材研究

それぞれの文学的文章には価値があります。授業ではそれぞれの文章から価値を獲得するのが一番大切なことです。生徒一人一人に任せておいても価値に迫ることは困難です。そこで必要になるのが、当該の教材を読み取るために「発問（＝課題解決のための思考を働かせる指導言）」を投げかけ、考えさせていくことです。

そして、教材に相応しい発問を考えていくためにまず必要なことは、「教材研究」です。教材研究のポイントは大きく２つです。

１つは、文学的文章として教材文を解釈することです。次のように、４つのステップで考えていきます。

１つめのステップとして、教材文の「時間・場所・登場人物」の３つの設定を把握し、場面を分けます。ストーリー性の強い教材文は、導入（物語の設定）、展開（事件）、山場（最も大きな事件）、結末（事件のその後）の４つに分かれます。このような構造をもっていない教材文もありますが、基本的には時間の変化や場所、登場人物の変化を基準にして

4つに分けます。一教材にかける指導時数は3～5時間程度ですから、4つくらいに分けると、毎時間の授業範囲の目安になります。

場面が分けられたら、2つめのステップとして、大まかなストーリーを把握し、場面ごとの簡単なあらすじをつくります。

ストーリーが把握できたら、3つめのステップとして、因果関係を分析します。ストーリー性の強い教材文の場合には、クライマックスはどこか、何がどんな理由でどのように変わったのかをつかみ、テーマを仮構することが必要になります。なお、テーマに関しては、教材文の首尾の状況の比較からも考えることができます。クライマックスの分析から導かれるテーマと、首尾の比較から導かれるテーマとは一致する場合もありますし、そうではない場合もあります。教材文から1つのテーマを導かなければならないというルールはありませんし、むしろ、解釈が妥当であれば多面的な読みを行い、複数のテーマを見つけられることは好ましいことでしょう。

ストーリーや因果関係、テーマといった、いわば教材文の「骨格」を把握したら、4つめのステップとして、教材文の肉づけに当たる表現を読んでいきます。反復表現や比喩表現といったレトリックももちろんですが、教材文の雰囲気をつくったり、登場人物の人物像を形づくったりする表現にはさりげないものもあります。生徒が読んでいく小説にはある事柄を別の言葉で言い換える「換喩」が多用されているものが数多くあります。言葉が含意しているものを思い描くことが、小説を理解し、そして、楽しんでいくための大切なスキルとなるので、教材研究の段階で、表現の効果や意味について読み取っておくことは、授業で指導するために重要になります。

これらを行う中で、登場人物の心情が説明されていない「空所」も押さえておきます。

そして、教材研究の2つめのポイントは、教材と学習指導要領の指導事項の相性を探ることです。当該の教材を味わい深く読めるためには、どの事項が適しているのかを吟味します。

発問は、4つの層で、広く、深く

教材研究を行ったら、発問づくりをしますが、基本的には大きく4つの層で発問を考えていくと、深い読みをさせていくことができます。

一番上の層は「単元の中心発問」です。当該の教材文を深く読み取るための中心となる発問です。この発問は、単元のはじめに位置づく場合もありますし、何時間か経過した後で提示する方が自然な場合もあります。

二番目の層は「単元の中心発問につながる重要発問」です。これは、中心発問を具体的にしたもので、複数の場面に関係するものです。

そして、三番目の層が「各場面を読むための発問」であり、最も具体的な四番目の層が「補助発問・生徒の反応に対する切り返し発問」です。この問いは、時には発しなくても生徒が解を導いていくこともありますが、もちろんそうでないときもあるので、教師側は常に懐にもっておく必要があります。

発問の観点は、5W1H

発問の具体的な観点は、基本的に5W1Hです。

「いつ」「どこ」「だれ」「何」を観点にした発問は、教材文の内容を把握する際に使います。

内容を解釈する際、最も使用頻度が高いのは「なぜ」＝原因・理由を尋ねる発問、「どのような」＝程度を尋ねる発問です。

これらの問いに対して、基本的に生徒は登場人物に「同化」し、教材文の内容を根拠にして思考します。また、生徒に考えやすくさせるために、「もし『ちょうを押しつぶして』が『ちょうをつぶして』だったら」といった仮定法を使った比較、「『私』は故郷に絶望を見たのか、希望を見たのか」といった選択型の比較をさせる問いを入り口にする場合があります。

吟味された発問によって授業を行い、その授業を生徒が振り返り、次は自分で問いを立て解決の仕方を考えられるようになることを射程に入れた授業づくりをしていきましょう。

第1章 シンシュン

1　教材解釈と単元構想

①単元の中心発問につながる教材解釈

本教材は、中学校に入学した生徒がはじめて学ぶ小説です。

中学校には、様々な小学校から、様々な国語の力を身につけた生徒が集まってきます。国語の指導に堪能な教師に教わり、十分な力を身につけてきた生徒もいるでしょう。一方で、国語が嫌いで、教材を読み取る力に課題をもつ生徒も多く入学してきます。

小説の第一教材で肝心なことは、生徒に力の差を実感させず、できるだけ多くの生徒が活躍できるようにして、国語の授業に対して興味と自信をもたせることです。

これまで国語の勉強が苦手だったり、嫌いだったりした生徒も、第一教材の授業が楽しく、わかりやすければ、小学校時代にもっていた国語への認識を変えて、国語が好きになっていきます。

したがって、本教材の授業を行う際には、できるだけ生徒にとって理解しやすく、考えやすい発問を用意することが求められます。

教材の内容も、中学校に入学したての生徒に対する配慮がなされています。

1つは、教材の難度です。

本教材には、「わくわくしながら」とか「僕は必死だった」など、中心人物であるシュンタの心情を表す直接表現が数多く見られます。直接表現が多いと人物の心情を把握することは当然のことながら容易になります。対人物であるシンタに関しては「怖がっているみたい」「照れくさそうに」など間接表現ではありながら心情につながる描写があり、こちらも心情の解釈の難度は高くありません。

もう1つは、教材の親和性です。

心情を表す表現が直接的でも、教材で扱われている内容が、生徒の直接経験や間接経験の世界からかけ離れていれば、教材を読み取ることは困難です。

本教材は中学校に入学したばかりの男子生徒2人の体験を扱っています。入学したばかりの高揚感は、読み手である生徒にも共感できるものでしょう。また、初対面の相手と共通点を見つけ、仲よくなっていくという過程も同様です。生徒によっては、シュンタとシンタの間で起きた出来事を体験したり、その渦中にあったりする場合もあるでしょう。

このように、内容が易しく、共感的に読めるため、多くの生徒は興味関心を強くもって授業に参加することができます。

教材の骨格は、最初は共通点が多いことで仲よくなったシュンタとシンタが、相違点もあることに気づき、怯え、気まずくなってしまったものの、互いに気持ちを語り合うことにより、感覚の共通性を知り、互いの違いを大切にし合おうという意識に変わるというものです。「そっくり」という言葉が、冒頭と山場の終わりで出てきます。言葉は同じですが、前者は内面も外見もそっくり、後者は外見のみがそっくりという意味の違いがあります。この2つを比較することで、2人の変容への気づきを促すことができますし、変容の原因を検討することにもつながります。また、小説の首尾の呼応という構造の学習や、反復表現の比較という学習が可能になります。

そこで、中心発問は**「シュンタとシンタの、冒頭の『そっくり』と山場の終わりでの『そっくり』は同じ意味だろうか？」**とします。

②単元構想と発問

単元のはじめに教材文を一読させ、感想を出し合います。

このとき、登場人物たちの状況が自分たちと同じということに対する発見、驚き、そして、教材に対する親近感が出されます。そこで、自分たちにとって身近な教材だから、登場人物の気持ちも考えやすいということを伝え、自分の考えに自信をもって授業に参加するよう呼びかけます。そのうえで、教材文を一読した段階で疑問に思うことは何かを尋ね、単元を通して追究していく課題をつくっていきます。その際、小説・物語では、作品の首尾が呼応していることを説明し、本教材ではどのようになっているかを尋ね、中心課題「シュンタとシンタの、冒頭の『そっくり』と山場の終わりでの『そっくり』は同じ意味だろうか?」を設定します。その際、場面ごとに登場人物の心情を解釈していきながら中心課題に迫っていく学習の流れの見通しをもたせます。

重要発問

「2人はどんなところがそっくりだったのだろうか?」

教材文全体を４つに分け、各場面での時・場所・人物の整理と、場面ごとの出来事を整理した後に、導入場面で行う発問です。教材文には、「好きな食べ物」や「嫌いな食べ物」など、２人に共通することが数多く描かれています。これらを生徒から出させます。外見に関すること、ものに関すること、行動に関すること、感情に関することなど、分類すると２人が様々な点で共通していることが理解できます。

切り返し発問

「シュンタはシンタと話すとき、だれと話しているのと同じ感覚になっていただろう？」

この発問で「自分自身と話している」という叙述を引き出し、どんな意味か考えさせ、とても気が合っていたということや、２人には相違点がなかったことを押さえます。

重要発問

「２人はなぜ離れていってしまったのだろうか？」

とても気が合っていた２人ですが、小説の好みの違いをきっかけにだんだんと気まずくなってしまいます。シュンタはシンタとの違いがあることとが嫌であることと、自己主張できない自分が嫌という相反した思いをもち、その後は、違いと向き合うことへの恐れにより、シンタと気軽に会話することが出来なくなります。切り返し発問を入れながら、細かく読み取っていきます。

切り返し発問

「シュンタにとって辛かったことはどんなことだろうか?」

この発問で、気まずくなるきっかけの事件のときのシュンタの心情を解釈させます。

重要発問

「2人が仲直りできた原因は何だろうか?」

この発問と切り返し発問により、シュンタがシンタに本気で話しかけようとしたときや気まずくなったとき、そして、今後に向けた心情について解釈していきます。

そのうえで、中心発問「シュンタとシンタの、冒頭の『そっくり』と山場の終わりでの『そっくり』は同じ意味だろうか?」について検討し、2人の友情の質の高まりについての理解を深めます。

③発問で見る単元の見取図

導入	展開
出会い	すれ違い
①入学式で出会ったそっくりのシュンタとシンタはいつも一緒だった。	②小説の好みが合わなかったことをきっかけに2人は気まずくなった。
2人はどんなところがそっくりだったのだろうか？	**2人はなぜ離れていってしまったのだろうか？**
シュンタはシンタと話すとき、だれと話しているのと同じ感覚になっていただろう？	シュンタにとって辛かったことはどんなことだろうか？

凡例

- **中心発問につながる重要発問**
- 各場面を読むための発問
- 補助発問・切り返し発問

山場

仲直り

③お互いが思っていたことを言い合えたことにより仲直りができた。

２人が仲直りできた原因は何だろうか?

中心発問

シュンタとシンタの、冒頭の「そっくり」と山場の終わりでの「そっくり」は同じ意味だろうか?

結末

その後

④２人は以前よりもよく話すようになった。

２人の会話の内容は以前と比べてどう変わっただろうか?

- 気まずくなっていく2人は、どんな気持ちになっていったのだろうか?
- なぜ自分たちに何があったのか説明できなかったのだろうか?
- シュンタはなぜシンタに話しかけようと思ったのだろうか?
- 2人はどんなことが「怖かった」のだろうか?
- まっすぐに見つめ合う2人は、どんなことを思っていたのだろうか?
- 2人はなぜ前にもましておしゃべりになったのだろうか?
- 2人はどんなことを話すようになっただろうか?

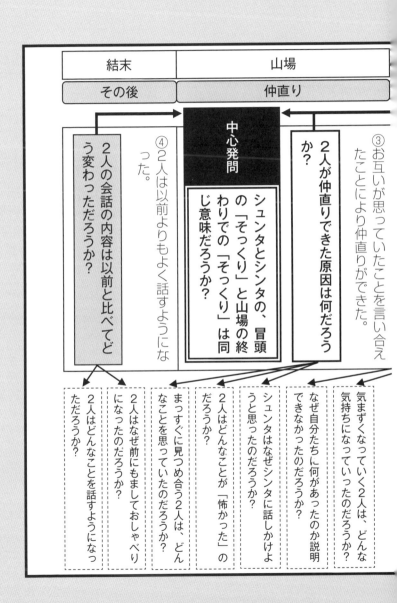

2 発問を位置づけた単元計画

●単元の中心発問
◎単元の中心発問につながる重要発問
○各場面を読むための発問
△補助発問・生徒の反応に対する切り返し発問
・生徒の反応

時	生徒の学習活動	主な発問と反応
1時	1 中学校に入学してからの人間関係を振り返る。 2 自分と比較しながら教材文を読む。 3 「自分と比べて」「みんなで考えてみたいこと」の観点で感想をもち、交流する。 4 単元の中心課題をつくる。	・気の合う友だちができた。 ・小学校のときの友だちの方がまだ仲がいい。 ・僕も新しい友だちと似ていて、この話と同じだった。 ・どうして仲がよかったのに気まずくなったのか。 ・気まずくなった後シンタに話しかけたシュンタは勇気がある。 ・仲直りするときのことを詳しく知りたい。 ・仲直りした後、今までの関係と変化があったのか。 **●シュンタとシンタの、冒頭の「そっくり」と山場の終わりでの「そっくり」は同じ意味だろうか？**

2時		
1 教材文を、導入（物語の状況設定）、展開（出来事が起きて進行する）、山場（中心人物の大きな変容）、結末（その後）の4つに分ける。 2 2人はどんなところがそっくりだったのかを見つける。 3 シュンタは2人が似ていることについてどう思っていたかについて話し合う。	・導入は、シュンタとシンタが出会ってから、仲よくなっていくところ。 ・展開は、2人が気まずくなっていくところ。 ・山場は2人が仲直りするところで、結末は最後の1行だけ。 ◎**2人はどんなところがそっくりだったのだろうか？** ・「身長」「くせ毛の生え方」「二重の目のはば」「鼻筋の長さ」が似ていて制服も同じなので外見がそっくり。 ・「つゆがたっぷりの牛丼」「炭酸の強いソーダ」が好きで、食べ物の好みが同じ。 ・姉がいることが同じ。 ・蛇口から直接水を飲むのが好きで、靴下がうっとおしいから、2人とも面倒なことが嫌い。 ・教科の好みも同じ。 ・感情の表れ方も同じ。 △**シュンタはシンタと話すとき、だれと話しているのと同じ感覚になっていただろう？** ・「自分自身と話しているようなものだった」と書いてある。 ・それだけ2人がそっくりということを実感している。	

4　仲のよかった2人は何がきっかけでどうなってしまったのか確認する。

5　2人の気持ちはなぜ離れていってしまったのかについて話し合う。

・シュンタがシンタと自分の好きな小説の話をしようと思ったけれど、拒絶されたことがきっかけで、だんだん2人の仲が気まずくなった。

◎2人はなぜ離れていってしまったのだろうか?

・シュンタに対してシンタが嫌な態度をとったから?

△シュンタにとって辛かったのはどんなことだろうか?

・好きなものをシンタに嫌いと言われたこと。

・好きなものをシンタにはっきり言えない自分自身。

・シンタと違うところがあって、一緒にいられなくなること。

△気まずくなっていく2人は、どんな気持ちになっていったのだろうか?

・違いが見えることを避けようと思っていた。

・「シンタもなんだかおかしかった」とあるのでシンタも違いが見えることを避けようと思っていた。

・相手に気を使い過ぎて疲れていった。

△なぜ自分たちに何があったのか説明できなかったのだろうか?

・自分たちが気まずくなっているということを認めたくなかった。

3時

1　山場で2人はどうなったのか確認する。

2　2人が仲直りできた原因について話し合う。

・シュンタが声をかけて、2人がお互いに思っていることを言い合い、仲直りした。

◎2人が仲直りできた原因は何だろうか？

・シンタが謝ってくれたから。

△シュンタはなぜシンタに話しかけようと思ったのだろうか？

・何もしてないのに気まずくなって、情けなかったから。

・自分が本当に思っていることを言う方が気まずいことよりもマシだと思ったから。

・どうせ気まずくなるんだったら、ちゃんとけんかしようと思ったから。

△2人はどんなことが「怖かった」のだろうか？

・「シンタと違う所を発見するのが怖かった」とあるので、シュンタは、そっくりな2人なのに違うところが見えて、シンタと仲が悪くなってしまうのではないかということが怖かった。

・「僕も！」とあるのでシンタも同じことを思っていた。

・シンタは、小説の話をしたときのように、他にもシュンタを傷つけるのを恐れていた。

3　冒頭と山場の終わりに出てくる「そっくり」を比べる。

△まっすぐに見つめ合う2人は、どんなことを思っていたのだろうか？

・シンタはシュンタの「だからこそ話そうよ」という言葉に対して、確かにわかったという気持ち。

・シュンタは自分の言葉をシンタが真剣に受け止めてくれたことがわかり、シンタがシュンタの嫌いなものを好きと言ってもしっかり受け止めようという気持ち。

◎2人が仲直りできた原因は何だろうか？

・お互いが同じようなことを思っていることに気づいて、やっぱり気が合うことを実感したから。

・思ったことを言い合える関係になりそうだという気持ちになったから。

●シュンタとシンタの、冒頭の「そっくり」と山場の終わりでの「そっくり」は同じ意味だろうか？

・はじめの「そっくり」は「自分自身と話しているようなもの」というように、外見も中身もそっくりだけど、山場の終わりの「そっくり」は「そっくりだけど、全然違う人間なのだった」とあるので、外見はよく似ているけれど、内面は別の個性があるということを表している。

4時

1 2人は以前よりもどのようになったと書かれているか確認する。

2 2人の会話は以前と比較してどのように変化したかについて話し合う。

・「前にもましておしゃべりになった」とあるので、以前よりも、もっとよく話すようになった。

○2人の会話の内容は以前と比べてどう変わっただろうか？

・いろいろなことを話すようになった。

△2人はなぜ前にもましておしゃべりになったのだろうか？

・相手に対する違いを発見することに気を使わなくてもよくなって、気楽になったから。

・違うところがあったら、どうして好きなのか、どうして嫌いなのか説明し合えばよいことにしたので、相手との違いを怖がらなくてよくなったから。

・もともと気が合うことが多かったので、気が合う話を今まで以上にたくさんするようになったから。

△2人はどんなことを話すようになっただろうか？

・違っていることがあれば、どうして好きなのか、嫌いなのかの理由を話そうということになったので、もしかしたらこんなことは自分とは好みが合わないかもしれないということも積極的に話すようになった。

・わけを言い合い、もっと深く知り合うようになった。

3　授業展開例

①第2時の授業展開例

　本教材では、場面ごとに変化する人物関係を読み取っていきます。そこで、まず教材文全体を４つに分けます。光村図書の教科書では発端―山場―結末の３つに分けていますが、物語・小説教材の一般的な場面分けに倣い、導入（状況設定）、出来事の発端と展開（出来事が起きて進行する）、山場（中心人物の変容）、結末（その後）の４つに分けます。導入場面でシュンタとシンタが出会い、展開場面で２人は気まずくなり、山場で仲直りし、結末では以前より仲よくなったといったように分け、ストーリーの概略をつかませます。

　そのうえで、まず、導入場面から、次の重要発問を投げかけて、２人はどんなところがそっくりだったのかを見つけさせます。

T　**2人はどんなところがそっくりだったのだろうか?**

S　身長、くせ毛の生え方、二重の目のはば、鼻筋の長さが似ています。

T　つまり、どんなところがそっくりと言えますか?

S　見た目、外見がそっくりです。

T　そうですね。「『~』と書いてあるから、…が同じ」というように答えてみましょう。

S　「つゆがたっぷりの牛丼」「炭酸の強いソーダ」が好きと書いてあるから、食べ物の好みが同じです。

S　「姉ちゃんがいるのも同じ」と書いてあるから、きょうだい関係が同じです。

S　「蛇口から直接水を飲むのが好き」で「靴下はうっとうしい」と書いてあるから、面倒なことが嫌いなところが同じです。

S　「体育が好きで、音楽が苦手」と書いてあるから、教科の好みも同じです。

S　「笑うところも、怒るところも同じだった」とあるから、感情の表れ方が同じです。

T　まとめて、2人はどんなところがそっくりだったと言えますか?

S　外見はそっくりだし、教科の好みや感情の表れ方も一緒なので、内面もそっくりです。

教材文に書かれている具体的な事柄を「『〜』と書いてあるから、…が同じ」といった形で一般化することにより、2人がどのような点でそっくりだったのかを整理するとともに、たくさんの点で共通点があることに気づかせます。そして、たくさんの共通点があることを象徴する叙述を切り返し発問で見つけさせます。

T　シュンタはシンタと話すとき、だれと話しているのと同じ感覚になっていただろう？
S　「自分自身と話しているようなものだった」と書いてあります。
T　それは、シュンタが自分たちの関係をどのように捉えていたということだろう？
S　自分自身と話しているということは、自分の感覚と同じ反応が返ってくるんだから、それだけ2人がそっくりということを実感しているんだと思います。
S　見た目もそっくりなんだから、自分たちをまわりから見てみたら、双子が話しているように見えたと思います。

外見も内面もそっくりということを押さえたら、展開場面の読みに移ります。

T　仲のよかった2人は、あることがきっかけで関係が変化していきます。どんなことが起こりましたか？
S　シュンタがシンタと自分の好きな小説の話をしようと思ったけれど、シンタに嫌いと言われてしまいました。
T　その結果、2人はどのようになっていきましたか？
S　だんだん気まずくなっていきました。

展開場面の概要を確認したら、重要発問を投げかけ、心情の変化を読み取っていきます。

T　**2人はなぜ離れていってしまったのだろうか？**
S　シュンタに対してシンタが嫌な態度をとったからかなと思います。
T　シュンタはどんな気持ちでシンタに話しかけに行きましたか？
S　待ち切れなくて、わくわくした気持ちです。
S　2人は好みが一緒でそっくりだから、自分が好きな理由についてよくわからないことを教えてくれるに違いないと、シンタを信じる気持ちです。

T　話しかけられたときのシュンタはどんな様子でしたか？
S　「顔をしかめた」と書いてあるので、嫌そうな様子です。
T　シンタはその小説の何が嫌いなのだろう？
S　「暗くてさ。何が書きたいんだろう」と言っているので、作品の雰囲気が嫌いで、テーマもよくわからないところです。
T　そのことを聞いてシュンタはどうしましたか？
S　思わずうなずいて、自分も嫌いだと言ってしまっています。

続いて切り返し発問を投げかけ、そのときのシュンタの心情を読み取っていきます。

T　シュンタにとって辛かったことはどんなことだろうか？
S　自分が好きなものをシンタが嫌いと言ったことです。
S　自分の好きなものを、シンタにはっきり言えない自分自身のことだと思います。
S　シンタと違うところがあって、一緒にいられなくなるかもしれないことです。

ここでは、教材文にあるお互いが好きなものが異なることへの悲しみと、自分の思ったことを言えないことへの悔しさを取り出させ、その後の関係について読みを進めます。

T　気まずくなっていく2人は、どんな気持ちになっていったのだろうか?

S　シュンタはあたりまえのことばかりを話したのだから、お互いの違いが見えることを避けようと思っていたと思います。

S　シンタもなんだかおかしかったのだから、シンタも違いが見えることを避けようと思っていたと思います。

S　「とうとう僕らは黙ってしまった」とあるから、共通の話題が見つからないと思っているると思います。

T　なぜ自分たちに何があったのか説明できなかったのだろうか?

S　自分たちが気まずくなっているということを認めたくなかったからだと思います。

こうして叙述を基に2人の気まずさを読み取らせていきます。

②第3時の授業展開例

本時は、気まずくなってしまった2人が仲直りをする山場の場面を読み取っていきます。まず、山場の場面全体のストーリーの概略をつかみます。

T　山場の場面で、2人はどのようになっていきましたか?
S　シュンタがまず声をかけて、2人が思っていることを言い合って、仲直りできました。

次に、重要発問を投げかけます。

T　**2人が仲直りできた原因は何だろうか?**
S　シュンタにシンタが謝ってくれたから。

現状で生徒がどの程度解釈できているのかを把握した後、切り返し発問を行い、心情を詳しく読み取っていきます。

T　シュンタはなぜシンタに話しかけようと思ったのだろうか?
S　何もしてないのに気まずくなって、情けなかったからと書いてあります。
S　自分が本当に思っていることを言う方が、気まずいことよりもマシだと思ったからだと思います。
S　どうせ気まずくなってるんだから、「ちゃんとけんかしよう」と思ったからです。
T　「ちゃんとけんかしよう」というのはどういう意味ですか?
S　けんかするっていうのは、本気で戦うっていう意味だから、2人に当てはめると、本気で自分の言いたいことを言い合うということだと思います。
S　けんかは話し合いとは違って、後で仲が悪くなってもしょうがないものだから、友だちではなくなってしまってもいいくらいの覚悟でシュンタはシンタと向かい合いたかったんだと思います。
T　そんなシュンタの本気が表れているのがわかるところはありますか?
S　シュンタが話しかけたときに、シンタが「ちょっと怖がっているみたいに見えた」と書いてあるので、結構迫力があったんだと思います。

まず、シュンタが意を決してシンタに話しかけに行った箇所を読み取り、国語の小説をめぐるやりとりの際のシンタの心情と、２人の心情の接近を確認します。

T　シュンタが国語の小説の話をしたとき、シンタはどんなことを思っていたのだろうか？
S　シンタは、小説を嫌いと言ったときにシュンタが傷ついたのに気づいていました。
T　それを聞いたシュンタは、どうしようとして、どうなりましたか？
S　シンタに謝ろうとしています。でも、先にシンタが謝っています。
T　ここで2人の気持ちはどうなってきたと思いますか？
S　同じ行動をしようとしているので、また気持ちが重なり合ってきたと思います。
S　謝る気持ちが重なっているので、お互いを大切に思い合っていると思います。

この後、切り返し発問をして、２人の心情の重なりをさらに読み取っていきます。

T　2人はどんなことが「怖かった」のだろうか?

S　シンタと違うところを発見するのが怖かったと言っているので、シュンタは、そっくりな2人なのに、国語の小説の話のときに違うところが見えて、シンタと仲が悪くなってしまうのではないかということが怖かったんだと思います。

S　「僕も!」と言っているので、シンタも同じことを思っていました。

S　シンタについてはもう1つあって、小説の話をしたときのようにシュンタを傷つけるのを恐れていました。

この後のシュンタの提案から、2人の新たな関係について読み取ります。

T　まっすぐに見つめ合う2人は、どんなことを思っていたのだろうか?

S　シンタはシュンタの「だからこそ話そうよ」という言葉に対して、「確かに、わかった」という気持ち。

S　シュンタは自分の言葉をシンタが真剣に受け止めてくれたことがわかり、シンタがシュンタの嫌いなものを好きと言ってもしっかりと受け止めようという気持ち。

ここで、２人が仲直りできた原因についての重要発問を改めて投げかけます。

T　**2人が仲直りできた原因は何だろうか？**

S　お互いが同じようなことを思っていることに気づいて、やっぱり気が合うことを実感したからだと思います。

S　思ったことを言い合える関係になりそうだという気持ちになったからだと思います。

最後に、２人の関係の変化についての理解を深めます。

T　**シュンタとシンタの、冒頭の「そっくり」と山場の終わりでの「そっくり」は同じ意味だろうか？**

S　はじめの「そっくり」は「自分自身と話しているようなもの」というように、外見も中身もそっくりだけど、山場の終わりの「そっくり」は「そっくりだけど、全然違う人間なのだった」とあるので、外見はよく似ているけれど、内面は別の個性があるということを表していると思います。

第2章 さんちき

1　教材解釈と単元構想

①単元の中心発問につながる教材解釈

本教材の指導時期は中学1年の5月です。

少しずつ中学校生活に慣れ始めてきてはいますが、疲れも出てくるころです。このようなときに、がんばり屋だけれどもうっかり者の「三吉」と、失敗しても温かなまなざしで接してくれる「親方」とのかかわりを、ユーモアを交え、心地よいテンポで描いた『さんちき』は、生徒にほっとした気持ちや、明日からもがんばろうというエネルギーを与えてくれます。

物語の展開は次のようになっています。

8歳のときに「車伝」に弟子入りして、5年になる三吉は、生徒たちと同年代です。ある晩、三吉は、夜中にこっそりと仕事場に入り、ろうそくの灯をともします。「弟子入りしてから初めて必死でやった」という大きな仕事に対する記念として、祇園祭りの鉾の車の矢に、自分の名前を彫ろうとしますが、親方に見つかってしまいます。

ここから三吉と、三吉とともに矢に文字を彫る親方とのやりとりが描かれます。三吉は、親方の言葉から、親方の三吉を大切にする思い、仕事に対する誇り、人の「命」を大切にする思いを感じ取ります。教材文終末、三吉は、後世の人にも認められるような職人になることをおそらくは願いつつ、ろうそくの明かりをひと吹きで消します。

このように、仕事熱心ではあるものの、仕事に対する意義を意識していなかった三吉が、親方の言葉を聞き、自分の仕事に対する意義や夢をもつというように変容していきます。三吉の心情は直接描写や行動描写が多用され、理解しやすいものとなっています。また、彼の、ろうそくのともしびを表す表現からも考えることができます。

親方の心情は多用された会話文に描かれ、こちらも捉えやすいものとなっています。親方の、人の「命」を大切にする思いは、侍が登場する場面での「侍」と「大工」の仕事に対しての親方の言葉を対比することにより読み取ることができます。

学習指導要領では、第1学年の「C　読むこと」の「構造と内容の把握」の指導事項は、

「イ　場面の展開や登場人物の相互関係、心情の変化などについて、描写を基に捉えること」ですが、親方の三吉に対する言葉がけに着目することで「人物の相互関係」を捉えることができます。

また、仕事や親方に対する三吉の認識の変化を追うことで三吉の「心情の変化」を捉えることができます。

場面の展開は、その場面に登場する人物に着目することで捉えることができます。

尊王攘夷派の侍と新選組の斬り合いが日常化しているという状況は、ろうそくをつけることへの慎重さや、後の斬られた侍の登場の伏線となっています。2人は互いに関西弁を使っていますが、関西弁の使用により、展開に心地よいテンポが生まれています。

本教材は、前述のように、三吉の仕事に対する意識の変容が大きな柱です。三吉の変容は、最後の場面で親方が去った後の「さんちきは、きっと腕のええ車大工になるで」の言葉に集約されています。

そこで、中心発問を**「三吉はどんな気持ちで『きっと腕のええ車大工になる』と言ったのだろうか？」**とします。はじめの三吉の気持ちを押さえておき、親方の様々な思いを捉えさせ、それらが三吉にどのような影響を与えたのかを考えさせます。

②単元構想と発問

第1時間目の冒頭では、教材文を読む前に、まず、題名の「さんちき」に着目させます。題名はいったい何を表しているのかについて考えさせ、教材文を読む興味をもたせます。そのうえで、教材文を一読させます。その後、まず「さんちき」という題名はどのような意味かを尋ねます。生徒からは、主人公の三吉が祇園祭りの鉾の車に間違えて彫った自分の名前といったことが出されます。そこで、大事な鉾の車に間違えて名前を彫ってしまった三吉をどう思うかを尋ねると、生徒からは「うっかりしている」「おっちょこちょい」といった三吉に対する認識が出されます。三吉に対するそのような捉えが出されたところで、中心発問「三吉はどんな気持ちで『きっと腕のええ車大工になる』と言ったのだろうか?」を投げかけます。自分の名前を間違えて彫ってしまうほどのそそっかしい人物が、「きっと腕のええ車大工になる」と思えるまでにはどのような変化があったのかという疑問を共通してもたせます。そして、場面分けした後、導入場面から三吉の設定を捉えていきます。

重要発問

「三吉はなぜ鉾の車の矢に自分の名前を彫ろうと思ったのだろうか?」

教材文には「車大工は、自分の気に入った車が…(中略)…だから三吉も彫ることにした」と、三吉が自分の名前を彫ろうと思った理由が端的に書かれています。それを基に、さらに三吉の思いを掘り下げていきます。

補助発問

「矢をつくることを任せてもらったときに、三吉はどのような思いだったのだろうか?」

弟子入りして以来「初めて必死でやった」といった行動描写等から、一生に何べんもない大きな仕事に加われた三吉の喜びや、意欲を捉えさせます。

また、親方の車づくりに対する思いが書かれているかを探させ、この時点では、三吉は親方の仕事に対する深い思いは知らず、親方の仕事を見て知った習慣と、高揚感により矢に名前を彫ろうとしたことを押さえます。

三吉が名前を彫っているところを親方に見つかったところからは、親方と三吉の関係を押さえていきます。

重要発問

「親方と三吉は互いをどう思っているのだろうか？」

ここでは、導入場面での「口うるさい親方」等、三吉が親方に対してもっていた思いを取り出すとともに、三吉を見つけた親方の「物騒やないか！」や間違えて彫られた名前を見たときの反応や、三吉とともに文字を彫る姿から、親方の三吉に対する温かな思いを捉えさせていきます。

重要発問

「親方は三吉や仕事に対してどのような思いをもっているのだろうか？」

親方が三吉とともに文字を彫る場面から、斬られた侍が登場する場面、そして、親方が奥へ入る場面までは親方の仕事観、三吉への思いが、親方の会話文から捉えることができます。

そして、親方の自分に対する期待、仕事に対する思いを捉えさせたうえで、中心発問「三吉はどんな気持ちで『きっと腕のええ車大工になる』と言ったのだろうか？」を投げかけます。

③発問で見る単元の見取図

導入	展開
1人で名前を彫る	親方と名前を彫る
①三吉は夜中に、鉾の車の矢に自分の名前を彫る。	②三吉は親方と一緒に、鉾の車の矢に自分の名前を彫る。
三吉はなぜ鉾の車の矢に自分の名前を彫ろうと思ったのだろうか？	**親方と三吉は互いをどう思っているのだろうか？**

- 矢をつくることを任せてもらったときに、三吉はどのような思いだったのだろうか？
- 三吉は親方に対してどんな表現を使っているだろうか？
- 親方はなぜ「物騒やないか！」と言ったのだろうか？

凡例

- **中心発問につながる重要発問**
- 各場面を読むための発問
- 補助発問・切り返し発問

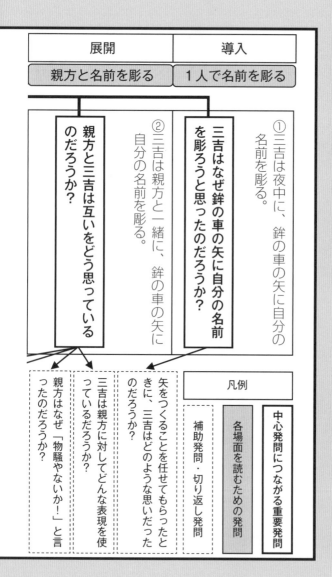

山場	結末
斬られた侍を見る	彫った名前を見る
③三吉は斬られた侍を見た後、親方から仕事への思いを聞く。	④三吉は矢に彫った名前を確かめる。

侍が斬られる状況の伏線はどこにあるだろうか？

親方は三吉や仕事に対してどのような思いをもっているのだろうか？

- 親方は「さんちき」を見てどんな反応をしているだろうか？
- 親方はなぜ矢の裏側に文字を彫っていったのだろうか？
- 親方は侍と車大工の違いは何だと考えているだろうか？
- 「のみ」と刀とはどのような違いがあるだろうか？
- 親方は百年後どのような会話が聞かれると予想しているだろうか？

中心発問

三吉はどんな気持ちで「きっと腕のええ車大工になる」と言ったのだろうか？

- 三吉が文字を彫り始めたときと仕事への意識はどのように違うだろうか？

2 発問を位置づけた単元計画

●単元の中心発問
◎単元の中心発問につながる重要発問
○各場面を読むための発問
△補助発問・生徒の反応に対する切り返し発問
・生徒の反応

時	生徒の学習活動	主な発問と反応
1時	1 題名の「さんちき」は何を表しているのかについて話し合う。 2 題名の意味を考えて教材文を読む。 3 題名の意味を確認し合う。 4 名前を間違えて彫った三吉について思うことを出し合う。 5 終末の三吉の言葉に注目する。 6 単元の中心課題をもつ。	・まったく見当がつかない。 ・昔の道具の名前？ ・三吉が間違えて彫った自分の名前のことだった。 ・うっかりしている。 ・「きっと腕のええ車大工になる」と前向きになっている。 **●三吉はどんな気持ちで「きっと腕のええ車大工になる」と言ったのだろうか？** **△矢をつくることを任せてもらったときに、三吉はどのような思いだったのだろうか？**

2時
1 登場人物に着目し、教材文を、導入（物語の状況設定）、展開（出来事が起きて進行する）、山場（中心人物の大きな変容）、結末（その後）の4つに分ける。 2 三吉が鉾の車に名前を彫ろうと思った理由を話し合う。 3 導入場面では三吉は親方の仕事への思いを知っていたか確認し、三吉が名前を彫ろうとした動機をまとめる。
・導入は、三吉が1人で鉾の車に名前を彫っているところ。 ・展開は、三吉が親方と名前を彫っているところ。 ・山場は、三吉が親方と斬られた侍を見るところ。 ・結末は、三吉が最後に彫った名前を見るところ。 ◎**三吉はなぜ鉾の車に自分の名前を彫ろうと思ったのだろうか？** ・「車大工は、自分の気に入った車が…（中略）…だから三吉も彫ることにした」と書いてある。 △**矢をつくることを任せてもらったときに、三吉はどのような思いだったのだろうか？** ・「弟子入りしてから初めて必死でやった」とあるので、一生に何べんもない大きな仕事に加われた三吉はとてもうれしかったし、やる気も大きかった。 ・三吉は親方が大きな仕事をしたときの仕事の習慣を真似して名前を彫った。 ・はじめての大きな仕事の記念を残したかった。 ・導入の場面では、親方の仕事に対する思いは出てきていないから、あまり深い思いはない。

4　三吉はこの後どうなったか確認し、親方とお互いをどう思っていたか話し合う。

・三吉は親方に見つかってしまった。

◎親方と三吉は互いをどう思っているのだろうか？

△三吉は親方に対してどんな表現を使っているだろうか？

・「口うるさい親方」と書いてある。だから小言が多いと思っている。

・「親方は…（中略）…がぶ飲みしていた」とあるので、親方のことを気にしている。

△親方はなぜ「物騒やないか！」と言ったのだろうか？

・三吉が侍に見つかって斬られないか心配している。

△親方は「さんちき」を見てどんな反応をしているだろうか？

・「それもなかなかおもろいな」と言っている。

・三吉を馬鹿にせず、続きを彫るように言っている。だから、親方は三吉を大切に思っている。

△親方はなぜ矢の裏側に文字を彫っていったのだろうか？

・三吉が失敗したのを少しでも繕おうとしている。

・最後の方で百年先の話をしているので、名前を彫った年月日を残しておくことで、三吉が百年先の人にも認めてもらえることを願っている。

3時

1 山場での出来事を確認する。

2 侍が登場することの伏線を見つける。

3 侍が去った後の出来事を確認する。

4 親方は三吉や仕事に対してどのような思いをもっているのか話し合う。

・外で侍が斬られた後、三吉は親方から仕事に対する思いを聞いている。

○侍が斬られる状況の伏線はどこにあるだろうか？

・導入場面の「このごろ、京都の夜は怖い」のあたりから、侍の斬り合いがよく起こっていることが書かれている。

・三吉や親方の「物騒」という言葉もつながっている。

・親方が三吉に仕事への思いを語っている。

◎親方は三吉や仕事に対してどのような思いをもっているのだろうか？

△親方は侍と車大工の違いは何だと考えているだろうか？

・「殺し合いの中から、いったい何を作り出すというんじゃ」とあるので、侍は破壊するもので大工は作り出すものと考えている。

・侍は何にも残さないが、大工は車を残す。

△「のみ」と刀とはどのような違いがあるだろうか？

・侍の刀は人を斬るものだけれど、のみは生み出すもの。

・「鉾の上に乗る四十人のはやし方の重みを…」から、のみは、いのちを支えるもの。

5　親方の三吉への思いを考える。

6　三吉はどんな気持ちで「きっと腕のええ車大工になる」と言ったか話し合う。

△親方は百年後どのような会話が聞かれると予想しているだろうか？

・町人の暮らしはずっと続いていて、祇園祭りも続いていると予想している。

・祇園祭りで、見物人が親方と三吉が彫った字を見つけて、「きっと腕のええ車大工…」と言っている。

・百年後の人たちに感心されるような立派な大工になってほしい。

●三吉はどんな気持ちで「きっと腕のええ車大工になる」と言ったのだろうか？

△三吉が文字を彫り始めたときと仕事への意識はどのように違うだろうか？

・三吉が文字を彫り始めたときは、はじめての大きな仕事で記念を残したい気持ちだったけれど、終わりのところでは、親方の期待に応えたいと思っている。

・親方のように仕事に誇りをもてる大工になろうと思っている。

・最後にろうそくを「ひと吹きで消した」とあるので、これから立派な大工になるためにがんばろうという強い気持ちをもっている。

4時

1 教材文を読んだ感想を書く。

2 感想を交流し合う。

3 交流を基に、自分の感想の加除修正をする。

・失敗してしまった三吉に対する親方の言葉が印象に残った。自分が三吉だったら、失敗したことを責められなかったらとてもほっとすると思う。
・私は、名前を彫るのを失敗してしまった三吉に対して、親方がきつく叱らず、字を彫るのを手伝ってあげたことが印象に残った。親方の三吉に対する愛情を感じた。
・最初は、親方は何のために年月日を彫ったのか疑問だったけれど、その意味を知って、親方の三吉に対する期待を感じた。
・三吉は自分と年齢が同じくらいで親しみがもてた。自分も何かと失敗してしまうことがあるけれど、三吉のように前向きにがんばりたいと思う。
・親方の仕事に対する誇りや弟子を大切にする気持ちがとてもいいと思った。自分も将来仕事に就いたら、親方のようになりたいと思う。また、三吉のように失敗することもあると思うけれど、夢をもってがんばりたいと思う。

3　授業展開例

①第2時の授業展開例

　本時と次時で内容を読み取り、最後の時間で感想交流を行うことを確認します。本時は、展開場面までを読み取り、三吉と親方はお互いをどのように思い合っていたか読み取ることをゴールとすることを共通理解させます。

　まず教材文を導入（物語の状況設定）、展開（出来事が起きて進行する）、山場（中心人物の大きな変容）、結末（その後）の4つに分けます。物語の展開に沿って分けますが、それとともに登場人物の変化が見られるので、登場人物はだれかに着目することもあわせて、場面に分けていきます。

　場面に分けた後、次の重要発問を投げかけて、三吉の設定を読み取ります。

T　**三吉はなぜ鉾の車の矢に自分の名前を彫ろうと思ったのだろうか？**
S　「車大工は、自分の気に入った車が…（中略）…だから三吉も彫ることにした」と書いてある。
S　三吉は車の矢を一本だけしかつくっていないけど、気に入った車ができたから掘ろうと思ったんじゃないかな。

三吉が、鉾の車に自分の名前を彫ろうと思った理由は、教材文に直接書かれています。そこで、矢を一本しかつくっていないのに三吉が自分の名前を彫ろうとまで思った理由をさらに突っ込んで聞きます。

T　矢をつくることを任せてもらったときに、三吉はどのような思いだったのだろうか？
S　「弟子入りしてから初めて必死でやった」とあるので、一生に何べんもない大きな仕事に加われた三吉はとてもうれしかったし、やる気も大きかった。
S　三吉は親方が大きな仕事をしたときの仕事の習慣を真似して名前を彫った。

S　はじめて大きな仕事をして、がんばった記念を残したかった。
S　導入の場面では、親方の仕事に対する思いは出てきていないから、あまり深い思いはないと思う。

このようにして、三吉が名前を彫ろうとしていたときには、大きな仕事に自分も加わり車を完成できたという大きな喜びはあったものの、親方の仕事観までは反映していないことを読み取らせます。

続いて、展開場面の読み取りを行います。親方の三吉に対する思いを読み取らせていきます。

T　**親方と三吉は互いをどう思っているのだろうか？**

この重要発問を投げかけた後、補助発問をして、それぞれがお互いをどう思っていたかを読み取らせていきます。

T　三吉は親方に対してどんな表現を使っているだろうか？
S　導入場面では、親方について、「口うるさい親方」と書いてある。だから小言が多いと思っている。
S　小言を言う親方だけれど、親方のことを大事に思っていたと思う。「親方は…（中略）…がぶ飲みしていた」とあるので、親方のことをよく観察して、体のことを気にしていると思う。

このようにして、三吉は親方のことを口やかましい人物として疎んじていたわけではなく、大切に思っていたことも読み取らせていきます。

次に、親方が三吉をどのように思っていたかを読み取らせていきます。まず、三吉を発見したときの親方の反応から、三吉に対する思いを考えさせていきます。

T　親方はなぜ「物騒やないか！」と言ったのだろうか？
S　夜中に1人で、仕事場でろうそくをつけ名前を彫っていた三吉が、侍に見つかって斬られないか心配している。

S　「ろうそくがもったいないやないか！」だとお金のことを心配している感じだけれど、「物騒やないか！」だと、三吉のことを心配している感じがする。

いずれにしても三吉は親方に怒鳴られたため、首をすくめ恐縮します。次に、親方は三吉が車の矢の表側に名前を彫ったことを発見し、更に、三吉が自分の名前を間違えて彫ったことにも気づきます。

ここで、三吉が間違えて名前を彫ったことに対する親方の反応を押さえます。親方は三吉が名前を間違えたことに対して率直に指摘しますが、さげすんだりすることはありません。親方の三吉に対する愛情がよく伝わってきます。

T　親方は「さんちき」を見てどんな反応をしているだろうか？

S　しょんぼりしている三吉に対して「はっはっはっ」と明るい態度をとっている。とてもがんばって彫った名前を間違えて悲しんでいる三吉を元気づけようとしている。

S　「それもなかなかおもろいな」と、三吉のしたことを肯定的に受け入れようとしてくれている。

S　三吉を馬鹿にせず、続きを彫るように言っている。だから、親方は三吉を大切に思っている。

親方の三吉をかわいがっている気持ちを読み取らせた後、親方の仕事に対する思いにも気づかせます。

T　親方はなぜ矢の裏側に文字を彫っていったのだろうか？
S　最後の方で百年先の話をしているので、名前を彫った年月日を残しておくことで、三吉が百年先の人にも認めてもらえることを願っているのだと思う。

三吉が名前を彫った裏に、彫った年月日を書くことは唐突です。しかし、山場の最後で親方は百年先の話をしています。弟子の三吉の名が後世に残るようにという願いが、彫った年月日に表れています。

②第3時の授業展開例

本時は、山場の場面と結末の場面の読み取りを行っていきます。

まず、中心発問「三吉はどんな気持ちで『きっと腕のええ車大工になる』と言ったのだろうか?」を学習課題として設定し、本時のゴールを示します。

まず、山場の場面の出来事を確認し、伏線の確認をします。

T　侍が斬られる状況の伏線はどこにあるだろうか?

S　導入場面の「このごろ、京都の夜は怖い」のあたりから、侍の斬り合いがよく起こっていることが書かれている。

S　三吉や親方が何回か言っている「物騒」という言葉も、侍が斬られることにつながっている。

S　親方が三吉に「侍が怖くて車大工が…（中略）…わしらも命を懸けて車を作ってるんや」と仕事への思いを語っているところからも、「命を懸けて」というところを中心に、侍の存在が意識される。

伏線を見つけたら、斬られた侍の登場する際の出来事の流れを確認します。車大工は侍とは対比的に描かれています。したがって、親方が侍と比較して車大工の仕事の価値を述べている箇所に着目させ、親方の仕事観を読み取らせます。

まず、重要発問を投げかけます。

T　**親方は三吉や仕事に対してどのような思いをもっているのだろうか？**

続いて、発問を焦点化させていきます。

T　親方は侍と車大工の違いは何だと考えているだろうか？

S　「殺し合いの中から、いったい何を作り出すというんじゃ」とあるので、侍は破壊するもので大工はつくり出すものと考えている。

S　侍は何にも残さないで死んでいくけれど、大工は車を残すというように、大工は後世まで仕事をしたものが残る。

S　「侍が、命を懸けて幕府だの…（中略）…わしらも命を懸けて車を作ってるんや」と言っているように、大工の仕事は侍に負けていないと考えている。

大工のもつ「のみ」と、侍のもつ「刀」の比較もさせます。

T 「のみ」と刀とはどのような違いがあるだろうか?
S 侍の刀は人を斬るものだけれど、「のみ」は生み出すもの。
S 「鉾の上に乗る四十人の…(中略)…間違えたらあかんのでっしゃろ」とあるので、のみは、いのちを支えるもの。

「のみ」と刀を比較させることで、親方は大工の仕事は創造的なものであると捉え、いのちを守る責任があると考えていることを読み取らせていきます。

このようにして、親方が自分の仕事に対して誇りをもっていることを理解させていき、そのうえで、親方が百年後について語っている箇所に着目させます。

T 親方は百年後どのような会話が聞かれると予想しているだろうか?

S　だれが天下を取っているかわからないと言っているので、だれが権力をもっているかはわからないと予想している。
S　権力者は変わっても、町人の暮らしはずっと続いていて、祇園祭りも続いていると予想している。
S　祇園祭りで、見物人が親方と三吉が彫った字を見つけて、「さんちき」はきっと腕のええ車大工やったんやろなあと言っている。
S　「腕のええ車大工やったんやろなあ」という表現から、三吉には、百年後の人たちに感心されるような立派な車大工になってほしいと思っている。

親方は、為政者は変わっても、庶民の暮らしは続いていることや、百年後にも祇園祭りが続いており、２人がつくった鉾の車の評価がされることを予想しています。矢の名前を読んだ人の言葉を語ったところは、自分がほぼ製作した鉾の車であるのに、三吉に花をもたせるようになっています。ここからは、親方がどれほど三吉をかわいがり、期待しているかが伝わってきます。

親方の仕事への思いや三吉への思いを、以上のように読み取ったうえで、中心発問について補助発問を入れながら考えさせます。

T　**三吉はどんな気持ちで「きっと腕のええ車大工になる」と言ったのだろうか？**

T　三吉が文字を彫り始めたときと仕事への意識はどのように違うだろうか？

S　三吉が文字を彫り始めたときは、はじめての大きな仕事で記念を残したかったという気持ちだったけれど、終わりのところでは、親方の期待に応えたいと思っている。

S　親方のように仕事に誇りをもてる車大工になろうと思っている。

本教材では、ろうそくがついている場面、消えている場面があり、ろうそくの火の消し方に登場人物の心情が投影されています。結末での三吉のろうそくの消し方に着目させると、次のような反応が出されます。

S　最後にろうそくを「ひと吹きで消した」とあるので、これから立派な車大工になるためにがんばろうという強い気持ちをもっている。

第3章
星の花が降るころに

1　教材解釈と単元構想

①単元の中心発問につながる教材解釈

中学校に入ると、生徒それぞれが新たな出会いを経験します。また、精神的な成長もあり、小学校時代とは異なる人間関係が新たにつくられてきます。

小学校時代には仲がよかった友だちでも、中学校に入り、関係が疎遠になっていくことは珍しいことではありません。また反対に、小学校時代には知らなかったよさに気づき、仲がよくなっていくこともあるでしょう。

本教材は、そんな中学1年生にはだれにでも起こりうる出来事が描かれています。したがって、教材文を読んだ生徒の多くが共感を覚え、高い興味関心をもって学習に取り組むことができます。

本教材で生徒に考えさせたい柱は大きく２つです。

１つめは、主人公の変容です。

小学校時代大変仲がよかった夏実と気まずい関係になってしまった「私」は、関係修復を試みようと、休み時間に夏実に声をかけます。けれども、私は夏実に無視されてしまいます。深く傷ついた私は、放課後、小学校から一緒だった戸部君が一人黙々とサッカーボールを磨いている様子を見て、自分の考えていたことが小さく思えてきます。その後、私は戸部君から冗談を言われて、笑顔が戻ります。

さらに、公園に行った私は、掃除をしているおばさんから、常緑樹である銀木犀も、古い葉を落として新しい葉を生やすことを聞きます。それを聞いた私は、夏実との友情の証の役割を果たしていた、ビニール袋に入れた去年拾った銀木犀の花びらを地面に撒き、新しい出会いに向けて歩き出します。

私が大きく変容するのは２か所です。

１か所は、校庭の水道で、戸部君から「あたかも」を使った例文で冗談を言われたときです。それまでの夏実に無視された悲しみや、戸部君に八つ当たりしようとしていた思いから、心が解放されていきます。

もう1か所は、その後公園に行き、掃除をしているおばさんから、常緑樹も古い葉を落とし、新しい葉を生やすという話を聞いたときです。この話を聞いて、今までの人間関係を一度清算し、前向きにがんばっていこうという気持ちになります。

生徒に私の気持ちが大きく変わったところはどこかを問うと、この2か所のいずれかをあげるでしょう。それぞれで、気持ちがなぜ、どのように変わったのかを検討します。

考えさせたい柱の2つめは、描写です。

本教材では、「銀木犀」が繰り返し登場します。私と夏実の関係を象徴し、私の気持ちの比喩的表現として描かれています。

導入場面では、夏実が「二人で木に閉じ込められた」と言っているように、2人が親密であることを象徴しています。一方、結末では「私は銀木犀の木の下をくぐって出た」とあるように、私が、これまでの夏実との関係を脱却したことが暗示されています。銀木犀の様子が、私の気持ちや私と夏実との関係と重なることに気づかせることで、ストーリー読みだけでは味わえない、小説の豊かさを感じさせることができます。

単元前半でストーリーを把握して、私の気持ちの変化を押さえてから、中心発問**「『銀木犀』にはどのような意味が隠されているだろうか？」**を投げかけます。

②単元構想と発問

第1時間目では、教材文を読み、感想を出し合い、場面分けを行ったうえで、導入場面での私と夏実の関係を押さえます。

教材文を一読させる前に、教材文では主人公は女子生徒だけど、男子生徒に置き換えても同様のことは起こり得るのではないかということを確認して、男子生徒も主人公の私に同化して読むよう促します。

教材文を一読させたら、生徒に感想を書かせ、交流させます。

多くの生徒が、私の姿から、友だちとぎくしゃくすることに対する共感を覚えますが、私がどのようにしてどんな状態に変わったのかについては未だ読み取れていない状態です。そこで、私の心は何によりどのように変わったのかという追究課題を設定します。

さらに、この教材で読み手に強い印象を与えるものは何かを尋ねると生徒からは「銀木犀」があげられるでしょう。そこで、私の心の変容を解釈した後、銀木犀のもつ意味についても検討していくことを共通理解させます。

また、この時間に、教科書の1行空きの箇所を利用して場面分けをしていきます。その際、どんな基準で行が空いているのかを考えさせ、時間の経過を基準として場面が分けられていることに気づかせます。

第2時間目では、導入場面から、私が夏実に話しかけ、無視される場面までを扱います。導入場面の時間設定、そして出来事を押さえた後、次の場面の読みに入ります。

「夏実に話しかける前と後の私はどんな気持ちだっただろうか?」

まず、夏実と気まずくなってしまったいきさつを確認してから、私の行動描写を基に、夏実に話しかける前の私の気持ちを考えさせます。そして、夏実が通り過ぎるときの気持ちを押さえた後、校舎の下を眺める私の強い衝撃と悲しみを、私の様子を表す表情等の豊富な描写から考えさせます。

「私の心を大きく変えた要因は何だろうか?」

第3時間目では、課題追究の柱の1つ、私の変容を読み取ります。この時間は、第三場面と第四場面を扱います。まず、各場面を読むために、私の心を大きく変えた要因は何かを投げかけます。そのうえで、私の心は何から何に変わったのか考えていくことを示し、各場面ごとに私の変容を読み取っていきます。

第4時間目では、これまで私の行動描写を中心にストーリーを読み、理解したことを基にして、描写を解釈していきます。

中心発問

「『銀木犀』にはどのような意味が隠されているだろうか?」

改めて導入場面から銀木犀が描かれている箇所を読み返し、私の気持ちや状況と関連づけることで、私の心や状況の「象徴」として銀木犀が描かれていることに気づかせていきます。

表現から教材を解釈する読みの楽しさに気づかせ、第5時間目では、銀木犀以外の反復表現や比喩表現についての解釈を深めます。

③発問で見る単元の見取図

導入	展開1
昨秋の思い出	夏実に無視される

中心発問

「銀木犀」にはどのような意味が隠されているだろうか？

導入

①去年の秋、私は夏実と銀木犀の木の下で花が散るのを見上げていた。

銀木犀の木や花は、2人のどんな関係を表しているだろうか？

展開1

②私は気まずくなった関係の夏実に話しかけるが、無視される。

夏実に話しかける前と後の私はどんな気持ちだっただろうか？

ビニール袋に入れた銀木犀は、2人のどんな状態を表すのだろうか？

凡例

- 中心発問につながる重要発問
- 各場面を読むための発問
- 補助発問・切り返し発問

- 夏実の姿が目に入った私は、どんな気持ちだっただろうか？
- 夏実が通り過ぎるのを見ている私は、どんな気持ちだっただろうか？
- 校舎の下を眺める私は、どんな気持ちだっただろうか？
- 私は何のために戸部君を探したのだ

展開2	結末
戸部君との会話	新たな一歩

③私は戸部君の姿を見て、話すことにより、気持ちがほぐれる。

私が笑えたのはなぜだろうか？

私の心を大きく変えた要因は何だろうか？

④私は公園でのおばさんの言葉をきっかけに気持ちを切り替える。

おばさんの言葉を聞いて、私はどんなことを思っただろうか？

銀木犀の木や花や葉っぱは、どのように描かれているだろうか？

ろうか？

自分の考えていたことが、ひどく小さく、くだらないことに思えたのはなぜだろうか？

私の目に涙がにじんできたのはなぜだろうか？

私の心は何から何に変わったのだろうか？

私の心が大きく変わったのはだれの影響だろうか？

私は何のために公園に行ったのだろうか？

おばさんはどんなことを私に語っているだろうか？

2 発問を位置づけた単元計画

●単元の中心発問
◎単元の中心発問につながる重要発問
○各場面を読むための発問
△補助発問・生徒の反応に対する切り返し発問
・生徒の反応

時	生徒の学習活動	主な発問と反応
1時	1 教材文の人物設定を確認する。 2 教材文を読み感想を交流する。 3 私の心はどのように変わったか考えたうえで追究課題を設定する。 4 教材文で読み手に強い印象を与えるものを出し合う。 5 銀木犀の意味を解釈する追究課題を設定する。	・主人公は女子だけれど他人事にならないようにして読もう。 ・自分も中学に入って友だち関係が変わってきた。 ・最後は明るい気持ちになっている。 ・具体的にどんな気持ちになったかはわからない。 ・私の気持ちの変化を読み取っていきたい。 ・銀木犀がはじめやおわりに出てきて印象が強い。 ●**「銀木犀」にはどのような意味が隠されているだろうか？**

2時	
1　導入場面の時間設定と出来事を確認する。 2　夏実に話しかける前と後の私はどんな気持ちだったのか話し合う。 ・休み時間に夏実を見た私の気持ちを話し合う。 ・夏実が通り過ぎるのを見ている私の気持ちを話し合う。 ・校舎の下を眺める私の気持ちを話し合う。	・時間は去年の秋、私は6年生。 ・私と夏実は銀木犀の下で花が散るのを見上げていた。 **○夏実に話しかける前と後の私はどんな気持ちだっただろうか？** **△夏実の姿が目に入った私は、どんな気持ちだっただろうか？** ・「心臓がどこにあるのかがはっきりわかった」とあるので、とても緊張していた。わけは、元通りになれるか心配だったから。 **△夏実が通り過ぎるのを見ている私は、どんな気持ちだっただろうか？** ・無視されて大きなショックを受けている。 ・「音のないこま送りの映像」とあるので、夏実が通り過ぎるのをじっと見て、呆然としている。 **△校舎の下を眺める私は、どんな気持ちだっただろうか？** ・戸部君に見られてしまい、はずかしい。 ・唇がふるえているのでショックが大きい。 ・目のふちが熱いので、泣きたいくらい悲しい。 ・「色が飛んでしまったみたい」とあるので、パニック状態になっている。

3時

1　本時の学習課題を確認する。

2　私の心は何から何に変わったのかを出し合う。

3　第三場面で、私が笑えたのはなぜか話し合う。

・私は何のために戸部君を探したのか読み取る。

・自分が考えていたことがくだらなく思えた理由を読み取る。

○私の心を大きく変えた要因は何だろうか？

・戸部君の冗談かな。

・公園で出会った掃除のおばさんの言葉かな。

△私の心は何から何に変わったのだろうか？

・最初は夏実に無視をされて絶望している。

・絶望から、明るい気持ちに変わった。

・絶望から、自立しようという気持ちに変わった。

○私が笑えたのはなぜだろうか？

・戸部君がダジャレを言ったから。

△私は何のために戸部君を探したのだろうか？

・夏実との出来事を見られたので、どのくらい知っているか探りを入れようと思った。

・辛いところをのんびりと見られたのが憎たらしくて、文句を言おうとも思っていたのではないかな。

△自分の考えていたことが、ひどく小さく、くだらないことに思えたのはなぜだろうか？

・戸部君のサッカーボールを手入れしないでいるのはだめという言葉を思い出して、自分が夏実と拾った銀木犀の花を何もしないでけっきょくそのままにしておいたこととつなげて考えて、夏実が無視してきたのは、

・私の目に涙がにじんできた原因を読み取る。 4　おばさんの言葉を聞いて私が思ったことは何か話し合う。 5　私の心は何が要因で、何から何に変わったのか検討する。
自分にも原因があるのかもと思ったから。 ・仲間のためにボール磨きをする姿を見て、自分のことしか考えていない自分の心が狭く感じたから。 **△私の目に涙がにじんできたのはなぜだろうか？** ・戸部君から不意に冗談を言われて気が抜けたから。 ・自分も恵まれた状況にいるわけではないのに気を使ってくれる戸部君の言葉がうれしかったから。 **○おばさんの言葉を聞いて、私はどんなことを思っただろうか？** **△私は何のために公園に行ったのだろうか？** ・戸部君の言葉で少し心が軽くなったので、2人の友情の証をもう一度確認しようと思ったため。 **△おばさんはどんなことを私に語っているだろうか？** ・銀木犀は常緑樹だけれど、古い葉を落として、新しい葉を生やす。そうしないと生きていけない。 ・公園のおばさんの言葉で、夏実に無視された絶望から自分の力で生きていこうという気持ちに変わった。 ・自分の力で生きていこうと思えたのには、支えてくれる戸部君の存在も大きかったと思う。

時	学習活動	発問・反応
4時	1　本時の学習課題を確認する。 2　銀木犀が登場する箇所を確認する。 3　導入場面の銀木犀の意味を話し合う。 4　第二場面での銀木犀の意味を話し合う。 5　第四場面での銀木犀の意味を話し合う。 6　本時のまとめをする。 「象徴」の意味を知る。	●**「銀木犀」にはどのような意味が隠されているだろうか？** ・銀木犀の木は導入場面と結末の第四場面に出てくる。 ・銀木犀の花は第二場面にも出てくる。 ◎**銀木犀の木や花は、２人のどんな関係を表しているだろうか？** ・「二人で木に閉じ込められた」と書いてある。 ・小学校時代の２人が２人だけの世界にいたこと。 ◎**ビニール袋に入れた銀木犀は、２人のどんな状態を表すのだろうか？** ・もう香りがなくなっているので、２人の気持ちが離れていることを表している。 ◎**銀木犀の木や花や葉っぱは、どのように描かれているだろうか？** ・銀木犀の葉の間から太陽の光が見えるという表現があり、閉じ込められたという導入場面に比べて、銀木犀の木の外側に出るよさが感じられる。 ・銀木犀は、私と夏実との関係や、私の状況や気持ちを表しているものだった。 ・象徴的な表現を見つけるのはおもしろい。

5時

1 学習課題「銀木犀のように繰り返し出てくる反復、比喩表現を見つけて作品をより楽しもう」を確認する。

2 反復表現を見つけ、解釈する。

3 比喩を見つけ、解釈する。

4 学習の振り返りをする。

・銀木犀の他にも反復表現を見つけたり、比喩を見つけたりして、作品をより楽しむのだな。

・反復表現には変化するものとしないものがあるんだ。

・「あたかも」は変化しないので、反復表現のまわりの言葉を比較すると、最初は私が戸部君をうっとうしがっていたけれど、第三場面では私が戸部君に救われている。「あたかも」は私と戸部君の関係の変化を表している。

・「ビニール袋」は、第二場面では「お守りみたいな小さな」という言葉がついているけれど、第四場面ではその言葉は取れて、花が入っていたただの袋になっている。ビニール袋は私の夏実に対する思いの変化を表している。

・銀木犀の花が落ちるのが「雪が降るように音もなく」とたとえられていて、静かにたくさん落ちてくる感じがする。

・導入場面でのこの一文は、2人の別れを暗示しているのかもしれない。

3　授業展開例

①第3時の授業展開例

前時は、夏実と仲直りしようとした私が夏実に無視されてしまい、衝撃を受け、絶望に沈む場面を扱いました。

本時は、私がその状態からどのようにして立ち直っていったのかを読み取っていきます。

前時の夏実の状態を確認してから、まず、場面を読むための発問を投げかけ、本時の学習課題を設定します。

T　私の心を大きく変えた要因は何だろうか?
S　戸部君が「あたかも」を使って言った冗談だと思う。

S　最後に公園で出会ったおばさんの話で吹っ切れたと思う。

私の心を大きく変えた要因として、生徒からは「戸部君」と「公園で出会ったおばさん」があげられます。そこで、追究を焦点的にしていくために、切り返し発問をします。

T　私の心は何から何に変わったのだろうか?
S　変化する前は、夏実に無視をされたので絶望している。
S　絶望的な気持ちから、明るい気持ちに変わっている。
S　絶望的な気持ちから、自立していこうという気持ちに変わっている。

このようにして、変化する前の気持ちを「夏実に無視されたことによる絶望」として確定し、変化した後の気持ちのずれをはっきりさせます。こうすることで、変化の要因と変化の結果を読み取っていくように課題が絞られます。

本時は2つの場面を扱いますが、まず第三場面から読み解いていきます。はじめに場面を読む発問を投げかけます。

T　私が笑えたのはなぜだろうか？
S　戸部君がダジャレを言ったから。

生徒からは第三場面の終わりでのやりとりを踏まえた反応があります。この大まかな読みを起点にして読みを深めていきます。第三場面のはじめから確かめていきます。

T　私は何のために戸部君を探したのだろうか？
S　夏実に無視をされてしまうところを見られたので、教科書にもあるように、どのくらい知っているか探りを入れようと思った。
S　自分が辛いところをのんびりと眺めていた戸部君を憎たらしく思っていたので、文句を言おうとも思っていたんじゃないかな。

戸部君のところに行こうと思っていた理由を確認した後は、戸部君の姿を見たときの私の気持ちを読み取っていきます。

T　自分の考えていたことが、ひどく小さく、くだらないことに思えたのはなぜだろうか？

S　戸部君はみんなの前では明るくしているけれど、みんなが練習をしているのにボール磨きをしているということは、サッカー部の中では補欠的な立場みたい。そんなふうに、部活では中心的な立場ではないのに、明るくすることができる戸部君の心の広さを感じたからじゃないかな。

S　戸部君の、サッカーボールを手入れしないでいるのはだめという話を思い出し、自分が夏実と拾った銀木犀の花を何もしないでそのままにしておいたこととつなげて考え、夏実が無視してきたのは、自分にも原因があるのかもと思ったから。

S　仲間のためにボール磨きをする姿を見て、自分のことしか考えていない自分の心が狭く感じられたから。

戸部君の姿を見た私は、落ち着きを取り戻していきます。その後、私は戸部君から声をかけられます。その場面を読み取ります。

T　私の目に涙がにじんできたのはなぜだろうか？

S　戸部君からおもしろいことを言われて気が抜けたから。

S　自分も恵まれた状況にいるわけではないのに、気を使ってくれる戸部君の言葉がうれしかったから。

S　一番気になっていた戸部君からほっとする言葉をかけられてうれしかったから。

部活動での戸部君の状況を知ったからこそ、彼の気づかいがうれしく、また、気になっていた戸部君からの言葉だからこそ、私の心がほぐれたことを読み取らせます。

続いて第四場面の読み取りをしていきます。

T　おばさんの言葉を聞いて、私はどんなことを思っただろうか？

まずこの発問を投げかけ、その後、詳しく読み取っていきます。

T　私は何のために公園に行ったのだろうか?
S　戸部君の言葉で少し心が軽くなったので、2人の友情の証をもう一度確認しようと思ったため。
T　おばさんはどんなことを私に語っているだろうか?
S　銀木犀は常緑樹だけれど、古い葉を落として、新しい葉を生やす。そうしないと生きていけない。

おばさんの言葉を押さえたら、私の心は、何が要因で、何から何に変わったのかをまとめます。

S　公園のおばさんの言葉で、夏実に無視された絶望から自分の力で生きていこうという気持ちに変わった。
S　自分の力で生きていこうと思えたのには、支えてくれる戸部君の存在も大きかったと思う。

③第4時の授業展開例

前時までで、教材のストーリーから、私の気持ちの変化を読み取りました。

本時は、単元全体の学習課題である「『銀木犀』にはどのような意味が隠されているのだろうか」を追究していきます。まず、単元の中心発問を投げかけます。

T 「銀木犀」にはどのような意味が隠されているだろうか？

ここで、教材文を一読させ、銀木犀はどこに登場したかを確認します。銀木犀の木が、導入場面と結末の第四場面に出てくること、銀木犀の花は、導入場面と結末に加えて、第二場面にも出てくることを押さえます。銀木犀が登場する場面が整理できたら、それぞれの場面での銀木犀が果たす役割について考えていきます。

はじめに導入場面を見ていきます。生徒はストーリーを把握し、私と夏実の関係を理解したうえでこの活動に臨んでいるので、2人の関係を銀木犀の木や花と結びつけるのは難しいことではありません。必要に応じて、導入場面での2人の仲のよい関係を確認してから、銀木犀の様子と2人の関係を関連づけていきます。

T　**銀木犀の木や花は、2人のどんな関係を表しているだろうか?**

S　甘い香りの花ということは、2人の関係が、お互いに正面から意見を言い合うようなものではなく、居心地のよい気の合う関係ということを表している。

S　木の下にいる自分たちのまわりの地面が「白い星形でいっぱい」と書いてある。

S　「二人で木に閉じ込められた」と書いてある。

S　木の真下にいる自分たちのまわりの地面が銀木犀の花びらでいっぱいということは、小学校時代の2人が2人だけの世界にいたことを表している。

S　「閉じ込められた」ということは、夏実は既に2人の関係が身動きが取れない状態であると無意識に感じていることも表している。

このようにして、銀木犀とその花は、私と夏実の親密な様子を表したり、窮屈な関係を暗示したりしていることに気づかせていきます。

続いて、第二場面を見ていきます。

T　**ビニール袋に入れた銀木犀は、2人のどんな状態を表すのだろうか?**

S　もう香りがなくなっているので、2人の気持ちが離れていることを表している。

S　「もう香りはなくなっているけれどかまわない」とあるので、夏実と仲直りするためだったら、なりふり構わないという、私の必死な気持ちがわかる。

S　香水は無理でも、せっけんをつくったり、秋になったら新しい花を拾ってポプリをつくったりすることを提案しようとしているので、私は小学生時代の夏実との世界にまだいたいということがわかる。

S　今のところは、最後に「……」と書いてある。ここには、私が夏実に提案しようとしていたものがまだ入ると思う。だから、私は、夏実との世界にとてもこだわっていたということもわかる。

S　「去年の秋…(中略)…そのままになっていた」というところは、2人の仲のいい関係は、銀木犀の木の下にいたときから、より仲よくなるというふうにはなってはいなかったことを示している。

短い箇所ですが、かつて親友でいようと約束した夏実との関係を何とかして取り戻したいという私の切ない思いを感じ取らせます。
その後、第四場面を見ていきます。

T　銀木犀の木や花や葉っぱは、どのように描かれているだろうか？
S　「木の下に入れば丸屋根の部屋のようだ」とあるので、公園に行ったときには、まだ夏実との関係を懐かしんでいる。
S　「どんなことからも木が守ってくれる」とあるので、木に守ってほしいという思いもあるけれど、「そう信じていられた」という表現から、そういう状態は過去のことだと思ってもいる。

続いて、おばさんの話を聞いた後の銀木犀について読み取っていきます。

S　銀木犀の葉の間から太陽の光が見えるという表現があり、閉じ込められたという導入場面に比べて、銀木犀の木の外側に出るよさが感じられる。
S　傾いた陽が半円球の宙にまたたく星みたいということは、今までは星は自分の身の回りにあった銀木犀の花だったけれど、ここでは星が木の外にあることがわかる。私の気持ちが外に向き出したことが表れている。

S 花びらは小さく縮んで、色がすっかりあせているので、夏実との関係が終わったことを表している。

このように読み取った後、改めて、銀木犀の意味についてまとめます。

S 銀木犀は、私と夏実との関係や、私の状況や気持ちを表しているものだった。

ここで登場人物の状況や気持ちを表すものを「象徴」ということを示し、象徴を読むことについて感じたことを出させます。

S 象徴的な表現を見つけると、登場人物の様子や気持ちが深く読み取れて楽しい。

描写を読むことに興味をもたせ、次時につなげます。

第4章
少年の日の思い出

1 教材解釈と単元構想

①単元の中心発問につながる教材解釈

本教材は、中学1年のすべての国語教科書に長年掲載されています。1年生の文学的文章の読み取りの学習のハイライトとなる教材です。

本教材には大きく2つの特徴があります。

1つは、「問題のある行動」や考え方をする主人公の登場です。光村図書版の教科書では、『シンシュン』で同級生の友だちとの友情の始まりが描かれ、『星の花が降るころに』で壊れた人間関係にけじめをつけて前向きな一歩を踏み出す主人公の姿が描かれています。どちらの教材も、人間関係におけるトラブルはありますが、それぞれ乗り越えていきます。トラブルが新たな一歩への糧となっているのです。

けれども、本教材は、トラブルから新たな一歩を踏み出すどころではなく、深い闇の中で自分の一番大切なものを消し去っていくという救いようのない終わり方になっています。生徒に意識づけたいのは、文学は「生きるモデルになるような正しい姿を描いたもの」といった限定的な捉えではなく、「良くも悪くも人間の姿を描いたもの」と捉える必要があるということです。

「私」の家に訪れた「客」（回想の中では「僕」）は、隣の家のエーミールを毛嫌いしています。僕は、ちょうを捕らえることに強く興味をもち、エーミールはおそらく丁寧に展翅することに強く興味をもっているのですが、僕はそういった違いを理解できません。また、エーミールが不在の部屋に入り、ちょうを盗みます。ちょうを壊してしまったときには、盗みをしたことより、自分が潰したちょうを見ることに心が痛みます。エーミールの家になかなか謝罪に行けませんし、行為の説明をしたときにエーミールから言われたひと言に腹を立て、飛びかかろうという衝動をもちます。最後には、せっかくこれまで集めたちょうをすべて潰してしまいます。

これまで生徒が学んできた教材で、ここまで自己中心性を率直に表したものはありません。これまで主人公の行っていることや考えていることはほぼ正しいと思い物語・小説を読んできた多くの生徒に対して、主人公を相対化して読み、人間の姿を読もうとする態度を指導することは、多感な思春期を生きる生徒にとっては1つの福音となるでしょう。

もう1つの特徴は、現在から過去にさかのぼる額縁構造であるにもかかわらず、過去から戻った現在が描かれていないことです。このこと自体は、生徒にとっては実は不思議なことではありません。小学校時代に学習した『ごんぎつね』は、現在にいる語り手がはじめに顔を出しますが、結末では不在となります。『大造じいさんとガン』（前書きのある版）でも同様です。従って、最初は現在で始まっていて、過去の話をしているのになぜ再び現在に戻ってこないのかという構造に対する違和感を覚えさせる必要があります。

「何のために客は思い出を語り始めたのだろう」とか「語り終えた後、客はどんなことを言ったのだろう」といったことを考えてみると、客は私に話すことで、過去の辛い思い出から解放されていったのではないかと推測できます。そのため、再び現在を描くことは必要なかったのではないかと考えられます。中心発問**「小説が『回想』で終わっているのはなぜだろうか？」**を考えることを、単なる小説の表現の作法を見つけるという表面的な学習にするのではなく、内容の解釈と関係づけます。

②単元構想と発問

第1時間目は、教材文を読み、感想を書き交流した後、単元を通した課題（中心発問）の設定を行います。場面分けもこの時間の中で行います。

教材文終末の、僕が自分の集めたちょうを一つ一つ潰していく一文についての解釈は、初読で「エーミールに対する謝罪」「自己嫌悪の象徴の抹消」、あるいは「まだよくわからない」など、多様なものが出ます。そこで、「僕はなぜちょうを潰してしまったのだろうか」という課題を追究の1つの目玉とします。

また、本教材が額縁構造をとっていることを説明したうえで、なぜ最後に現在のシーンがないのかについても疑問をもたせます。

第2時間目は、冒頭場面を読み取っていきます。

「私の書斎にいる客は、どのような気持ちになっているのだろうか？」

客は私のちょうを見ますが、不愉快な様子になり、その後思い出を語ります。決別したと思った過去の苦い思いに、私のちょうを通して対峙したことから生ずる客の葛藤が、次第に暮れゆく景色に助けられ、思い出と再び向き合おうとする意志に変化していくことを読み取ります。

第3時間目では、ちょう集めに対する僕の気持ちを読み取り、エーミールのちょう集めとの違いを押さえます。

「僕はちょう集めのどのようなことが好きだったのだろうか?」

僕とエーミールでは、ちょう集めに対する考え方が大きく異なります。ちょうを見つけ、捕まえることに強く興味をもつ僕と、美しく展翅することを大切にするエーミールのこだわりの違いを押さえます。僕がちょうを見つけて捕まえることに強い興味をもっていたことは、そのことに対する記述量からもよくわかります。

第4時間目では、エーミールのちょうを盗み、謝罪をする場面を読み取っていきます。

「エーミールのちょうを壊した僕は、どんな気持ちだったのだろうか?」

まずこの発問で、ちょうを盗んだ罪悪感よりも、壊れたちょうを見ることに心を痛める僕の自己中心性に気づかせます。その後、エーミールに謝罪した際、エーミールの態度を受け、飛びかかりたい気持ちになった理由を読み取っていきます。

第5時間目では、僕がちょうを潰した理由について読み取ります。

「僕はなぜちょうを潰してしまったのだろうか？」

ここではまず、結末の一文から、僕がどのような気持ちでちょうを潰したのかを読み取り、そのうえで、潰してしまった理由を検討します。

以上の解釈を基にして、最終第6時間目には、教材文の構造から、私の気持ちの読み取りを行います。

中心発問

「小説が『回想』で終わっているのはなぜだろうか？」

③発問で見る単元の見取図

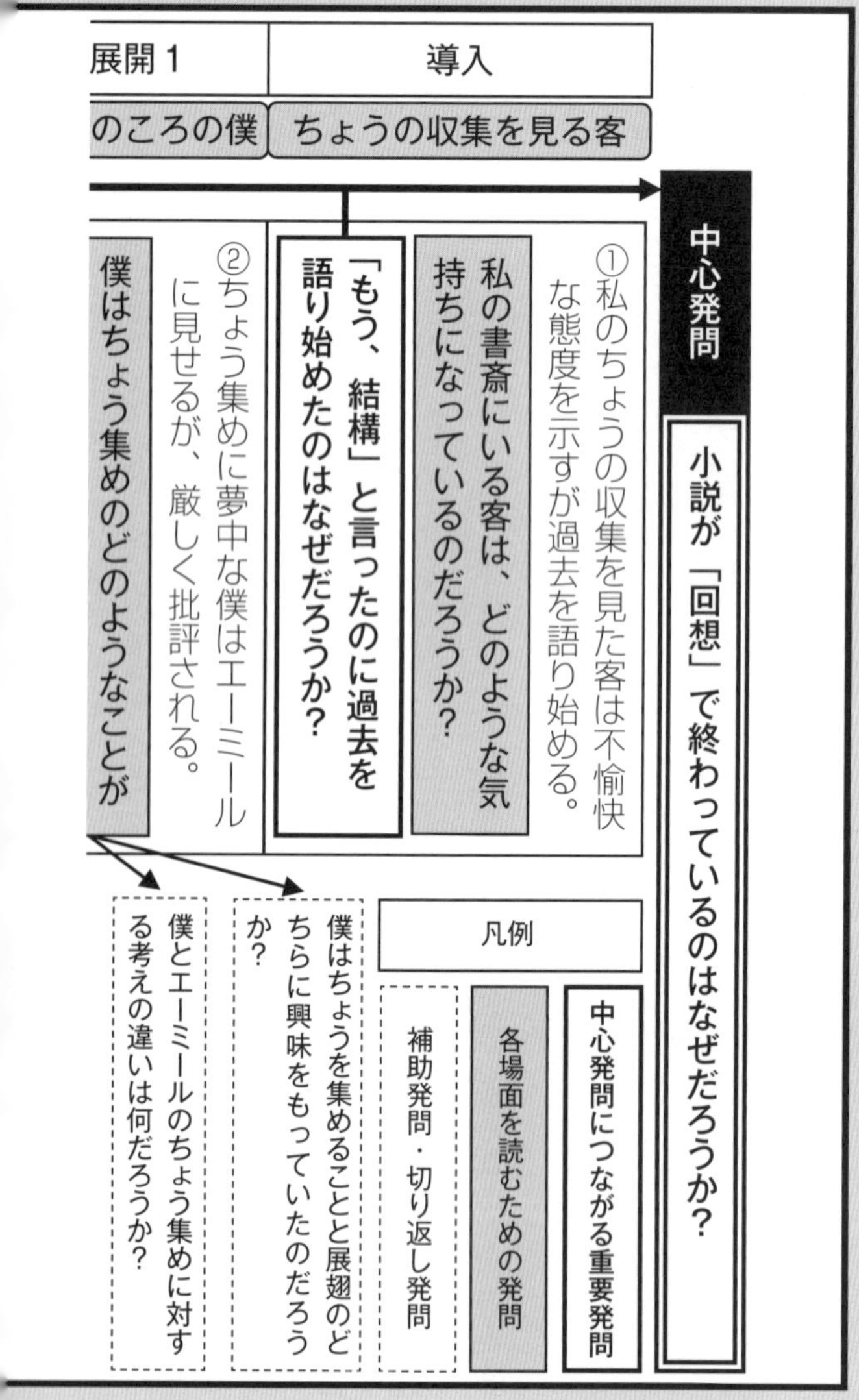
中心発問
小説が「回想」で終わっているのはなぜだろうか？
導入
ちょうの収集を見る客
①私のちょうの収集を見た客は不愉快な態度を示すが過去を語り始める。
私の書斎にいる客は、どのような気持ちになっているのだろうか？
「もう、結構」と言ったのに過去を語り始めたのはなぜだろうか？
展開１
のころの僕
②ちょう集めに夢中な僕はエーミールに見せるが、厳しく批評される。
僕はちょう集めのどのようなことが
僕はちょうを集めることと展翅のどちらに興味をもっていたのだろうか？
僕とエーミールのちょう集めに対する考えの違いは何だろうか？
凡例
中心発問につながる重要発問
各場面を読むための発問
補助発問・切り返し発問

結末	展開2	
ちょうを潰す僕	ちょうを盗む僕	10歳

好きだったのだろうか？

③エーミールのちょうを盗み、壊した僕はエーミールから軽蔑される。

エーミールのちょうを壊した僕は、どんな気持ちだったのだろうか？

謝ったときに、僕はエーミールにどのようなことを思ったのだろうか？

④僕は自分の収集したちょうを闇の中で押し潰してしまった。

僕はなぜちょうを潰してしまったのだろうか？

小説が現在に戻ってきたら、客はどんなことを言うだろうか？

エーミールは僕のコムラサキを見て、どんなことを思ったのだろうか？

僕はなぜクジャクヤママユを盗んだのだろうか？

僕はなぜエーミールに飛びかかろうと思ったのだろうか？

僕の気持ちはどのように変わっていっただろうか？

エーミールには僕の姿はどう映っていただろうか？

僕はどんな気持ちで一つ一つちょうを潰したのだろうか？

何のために客は思い出を話したのだろうか？

2 発問を位置づけた単元計画

●単元の中心発問
◎単元の中心発問につながる重要発問
○各場面を読むための発問
△補助発問・生徒の反応に対する切り返し発問
・生徒の反応

時	生徒の学習活動	主な発問と反応
1時	1 教材文を読み感想を交流する。 2 場面分けをする。 3 単元を通した中心課題を設定する。 ・額縁構造の説明を聞き、中心課題を設定する。	・全体に暗い感じの話だった。 ・第一場面は客が私のちょうの収集を見るところ。 ・第二場面は10歳のころの私のこと。 ・第三場面はちょうを盗みエーミールに謝るところ。 ・第四場面は僕がちょうを潰すところ。 ・ちょうを潰したのはエーミールに対する謝罪かな。 ・ちょうは自己嫌悪の象徴なので、見たくないので潰したと思う。 ・僕はなぜちょうを潰したのだろうか。 ・過去から現在に戻る場面がない。 **●小説が「回想」で終わっているのはなぜだろうか？**

2時

1　本時の学習課題を設定する。

2　第一場面の出来事と客の気持ちの変化を読み取る。

3　客が過去の体験を語り出そうとするときの情景を読み取る。

○私の書斎にいる客は、どのような気持ちになっているのだろうか？

・私が客にちょうの収集をしていることを話すと、客は見せてほしいと言った。
・客は、私のちょうを用心深く取り出している。少年時代にちょうの扱いについて叱責されたことが頭に残っているからかもしれない。
・客は、私のちょうを見ているうちに、昔の嫌な思い出がよみがえってきたので、「もう結構」と言った。
・私が箱をしまってくる間に、客は冷静になった。衝動的なところは昔のままだが、私を傷つけないようにするところは成長したところだろう。
・顔が見えないくらいの暗闇になっている。
・自分の表情を私に見られないようにしたいという思いが情景に表れている。
・かえるが闇一面に鳴いているという音のある状況で、私は話しやすくなっていると思う。
・辛い話をするという雰囲気をつくっている。

3時	
1　本時の学習課題を確認する。 2　ちょうを集めることと展翅のどちらに興味があったか話し合う。 3　僕とエーミールのちょう集めに対する考えの違いを見つける。 4　エーミールが僕のコムラサキを見て思ったことを想像する。	**○僕はちょう集めのどのようなことが好きだったのだろうか？** **△僕はちょうを集めることと展翅のどちらに興味をもっていたのだろうか？** ・ちょうを捕まえに行くときのことがたくさん書かれているので、ちょうを集めることが好きだった。 ・ちょうを展翅することは、書かれている分量が少ないので、そんなに興味はなかった。 ・ちょうを見つけたときのことが、羽や斑点、羽の脈、触角のとび色の毛というようにとても細かく描かれているので、ちょうを集めることが好きだったと思う。 **△僕とエーミールのちょう集めに対する考えの違いは何だろうか？** ・エーミールの収集は「一つの宝石のようなもの」だとあるので、僕はちょうを集めることが好きだったけれど、エーミールは展翅をすることが好きだった。 **△エーミールは僕のコムラサキを見て、どんなことを思ったのだろうか？** ・珍しいちょうを捕まえたことを尊敬していた。 ・もう少し展翅をきれいにしてちょうを大切にしたら。

4時

1　本時の学習課題を確認する。

2　僕がクジャクヤママユを盗んだ理由とちょうを壊したときの気持ちを話し合う。

3　謝罪したときのエーミールの態度から、僕が思ったことについて話し合う。

4　エーミールには僕はどう見えていたのか話し合う。

○**謝ったときに、僕はエーミールにどのようなことを思ったのだろうか？**

△**僕はなぜクジャクヤママユを盗んだのだろうか？**

・「四つの大きな不思議な斑点」から見つめられて、盗みたくなった。

○**エーミールのちょうを壊した僕は、どんな気持ちだったのだろうか？**

・盗んだ罪悪感よりも、美しいちょうが無残な姿になったことへの悲しみの方が強かった。

○**謝ったときに、僕はエーミールにどのようなことを思ったのだろうか？**

△**僕はなぜエーミールに飛びかかろうと思ったのだろうか？**

・コンプレックスをもっていたちょうの取扱いについて再び指摘されたから。

△**僕の気持ちはどのように変わっていったのだろうか？**

・最初はカッとしたが、僕を眺めるエーミールを見て、もう償えないことを悟った。

△**エーミールには僕の姿はどう映っていただろうか？**

・いつまでたってもちょうを大切に扱えない人だ。

5時

1　本時の学習課題を確認する。

2　僕はどんな気持ちでちょうを潰したのかを想像する。

3　僕がなぜちょうを潰したのかについて話し合う。

○僕はなぜちょうを潰してしまったのだろうか？

△僕はどんな気持ちで一つ一つちょうを潰したのだろうか？

・これまで大切にしてきたちょう一つ一つに対して、思い出をかみしめながら潰している。

・「粉々に」と書いてある。粉々にしてしまうと見えなくなるので、もうちょうを見たくないと思っていた。

・「押しつぶしてしまった」だから、その前の「粉々に」とあわせて、まるっきり見えないようにしている。

○僕はなぜちょうを潰してしまったのだろうか？

・ちょうを見ていると、エーミールに軽蔑されたことを思い出すから。

・ちょうの扱いについてエーミールから二度目の指摘を受け、自分にはちょうを集めたり、展翅したりする資格がないと思ったから。

・エーミールにおもちゃをやると言ったけれど拒否されたので、エーミールのちょうを壊してしまった代わりに自分のちょうを全部潰すことでお詫びしたかったから。

6時

1 本時の学習課題を確認する。

2 「もう、結構」と言ったのに過去を語り始めた理由を考える。

3 小説が現在に戻ってきたら客は何と言うか考える。

4 小説が「回想」で終わっているのはなぜか話し合う。

●小説が「回想」で終わっているのはなぜだろうか？

・読者に僕の暗い気持ちの余韻をもたせるため。

◎「もう、結構」と言ったのに過去を語り始めたのはなぜだろうか？

・友人に不愉快な態度を取ってしまったので、説明をしたいと思った。

・過去のことで吹っ切れたと思っていたが、ちょうを見て不愉快な気持ちになってしまったので、友人に話すことで改めて吹っ切ろうと思ったから。

◎小説が現在に戻ってきたら、客はどんなことを言うだろうか？

△何のために客は思い出を話したのだろうか？

・自分の辛い思い出を語ることで、過去のことを吹っ切ろうとしていた。そして、話し切ることができた。だから、現在に話が戻ってきたら、私に、これでやっと過去の辛かった体験を思い出にすることができたと言っているだろう。

●小説が「回想」で終わっているのはなぜだろうか？

・僕が、過去の自分と向き合うことができ、新しい気持ちになっていることを示している。

3 授業展開例

①第4時の授業展開例

本時は、ちょうを盗み壊した僕が謝罪した際のエーミールからどのようなことを思ったのかについて追究していきます。

まず、本時の学習課題として、次の発問を投げかけます。

T 謝ったときに、僕はエーミールにどのようなことを思ったのだろうか?
S エーミールの態度が頭にきた。
S エーミールに軽蔑されて落ち込んだ。

「飛びかかるところだった」という表現があるので、エーミールの態度が頭にきたというのは容易に指摘できます。

しかし、「軽蔑していた」エーミールの姿に僕が思ったことは、「もう償いのできないものだということを悟った」という表現はあるものの、それ以上示されてはいません。そこで、次の切り返し発問等を投げかけながら、僕の気持ちを順に考えさせていきます。

T　僕はなぜクジャクヤママユを盗んだのだろうか?
S　「クジャクヤママユほど僕が熱烈に欲しがっていたものはなかった」とあるので、ものすごく欲しかったものが目の前にあり、その誘惑に負けてしまったから。
S　細かく観察しているうちに、「四つの大きな不思議な斑点」から見つめられて盗みたくなったから。
S　友だちが僕に語った、ちょうの外観に鳥が恐れをなして手出しをやめてしまうという話が僕の細かな観察の伏線になっているんじゃないかな。

僕は、ずっと欲しかったちょうの美しい姿を目の前にして、衝動的に盗んだことを読み取らせます。ここでは、「優雅で、果てしなく微妙な色をした羽の縁」などの細かな描写から、エーミールの部屋で僕が食い入るようにちょうを見つめていた姿に気づかせます。

続いて、ちょうを壊してしまったときの僕の気持ちを読み取ります。

T　エーミールのちょうを壊した僕は、どんな気持ちだったのだろうか？
S　「泣かんばかりだった」とあるので、とても悲しい気持ちになっている。
S　盗んだ罪悪感より、美しいちょうが無残な姿になったことへの悲しみの方が強かったと思う。

ここで、本来であれば、盗みをしたこと、加えて壊してしまったことの2つのことに対する罪悪感を覚えるはずなのに、ちょうが無残な姿になったことへの悲しみを感じているという僕の自己中心性や幼さを押さえます。

これらの読み取りを踏まえて、改めて本時の学習課題を押さえます。

T　謝ったときに、僕はエーミールにどのようなことを思ったのだろうか？

そして、エーミールに飛びかかろうとしたところから順に読み取っていきます。

T　僕はなぜエーミールに飛びかかろうと思ったのだろうか？
S　コンプレックスをもっていたちょうの取扱いについて、再びあきれたように指摘されたから。
T　僕の気持ちはどのように変わっていっただろうか？
S　最初はカッとしたが、僕を眺めるエーミールを見て、取り返しのつかないことをしたと思った。

ここまでで学習課題の達成には至りますが、読みをバランスの取れたものにするために、もう1つ発問を加えます。

T　エーミールには僕の姿はどう映っていただろうか？
S　いつまでたってもちょうを大切に扱えない人だ。

②第5時の授業展開例

本時は、夜中に食堂で収集したちょうを潰していく僕の気持ちを読み取っていきます。前時の学習を簡単に振り返った後、学習課題として、次の発問を投げかけます。

T　僕はなぜちょうを潰してしまったのだろうか？

この授業では、二段階でちょうを潰した僕の気持ちに迫っていきます。まず、「どんな」気持ちであったのかを考えさせ、僕の気持ちの具体や、気持ちの強さの程度を考えていきます。

T　僕はどんな気持ちで一つ一つちょうを潰したのだろうか？

この発問を投げかける際に、生徒に考え方も示します。それは、教材文に書かれている言葉があるのとないのとではどう違うのかを比較するという考え方です。

教材文の最後の一文には、「一つ一つ」「粉々に」「押しつぶして」という表現がありますが、これらがなくても、読み手に僕の行動そのものは伝わります。

そこで、なぜこれらの言葉が入っているのかを検討させることで、僕の気持ちに迫っていくのです。何気なく読んでも文章の意味は通るのですが、立ち止まって、その言葉があるのとないのとではどのように文の意味が変わるのかを比較することによって、着目した言葉の意味がはっきりし、僕の気持ちをより具体的に理解することができます。

S 「一つ一つ」とあるので、これまで大切にしてきたちょう一つ一つに対して、思い出をかみしめながら潰している。
S 「粉々に」と書いてあって、粉々にしてたら見えなくなるので、もうちょうを見たくないと思っていた。
S 「押しつぶして」だから、その前の「粉々に」とあわせて、まるっきり見えないようにしようとしている。
S 「つぶして」ではなく、「押しつぶして」だから、指でちょうの羽や胴体に強い力を加えている感じがする。ここから、僕が今までのちょう集めの思い出をきっぱりと忘れようとしている感じが伝わってくる。

生徒からは、このような反応が出てきます。ここでは、意見を述べる際に、叙述や文脈から外れないようにさせる必要があります。

続いて、二段階目の読みを行っていきます。ここまで、「どんな」気持ちだったのかを考えることで、生徒は僕の悲しみの強さを具体的に感じています。そのうえで、二段階目として、「なぜ」ちょうを潰してしまったのかを考えさせます。

このように、まず、僕の気持ちの程度を理解させてから、理由を考えさせることによって、生徒は、教材文の描いている世界により深く入った状態で僕の気持ちを考えることができます。

T　僕はなぜちょうを潰してしまったのだろうか？
S　ちょうを見ていると、エーミールに二度も軽蔑されたことを思い出すから。

S　ちょうの扱いについてエーミールから二度目の指摘を受け、自分にはちょうを集めたり、展翅したりする資格がないと思ったから。

このような、ちょうを扱う資格がないと感じるといった意見とともに、次のような意見も出されます。

S　エーミールに自分のちょうの収集を全部やると言ったけれど拒否されたので、エーミールのちょうを壊してしまった代わりに、自分のちょうを全部つぶすことでお詫びしたかったから。

これは、エーミールに対する謝罪という考えで、ちょうを集める資格がないという考え方とは異なります。この意見に対しては、エーミールの軽蔑的な態度への僕の反感や、一度起きたことはもう償いができないという悟りなどから考えると、反論の余地があります。意見が出そろったら意見交換する中で、吟味していきます。

③第6時の授業展開例

これまで、僕の気持ちの変化を中心にして、教材文の解釈を行ってきました。

本時はこれまで学習してきたことを基にして、教材文の構成の工夫の効果について学習していきます。

まず、本時の学習課題として、単元の中心発問を投げかけます。

T　**小説が「回想」で終わっているのはなぜだろうか？**

S　読者に僕の暗い気持ちの余韻をもたせるため。

生徒の反応としては、暗闇の中でちょうを潰す僕の沈んだ気持ちの余韻をもたせるためではないかという意見が出されます。確かにそのような読み方もできるでしょう。

しかし、沈んだ気持ちで終わり、一連の出来事が恥ずべき体験として僕の中に意味づけられたとしたら、できるだけ早く忘れてしまいたいのではないでしょうか。

あえて、友人の家で過去の体験を告白する意識には至らないのではないでしょうか。

このような疑問を問い、重要発問を投げかけます。

T　**「もう、結構」と言ったのに過去を語り始めたのはなぜだろうか？**

すると、生徒からは次のような反応があります。

S　友人に不愉快な態度を取ってしまったので、その理由を説明したいと思った。
S　過去のことは吹っ切れたと思っていたが、ちょうを見て不愉快な気持ちになってしまったので、友人に話すことで、改めて過去の出来事を吹っ切ろうと思ったから。

1つめの反応のように、人との接し方という観点も考えられますが、文脈から考えると、過去の出来事を克服したいという意識があったことが推測されます。客が何のために話を始めたのかを押さえておくことで、回想の後に、現在の場面が必要なのかどうかを判断することができます。

続いて、重要発問、切り返し発問を投げかけ、追究を深めていきます。

T　**小説が現在に戻ってきたら、客はどんなことを言うだろうか？**

S　おかげで、自分の辛い過去を話せて、すっきりしたよ。

T　何のために客は思い出を話したのだろうか？

S　自分の辛い思い出を語ることで、過去のことを吹っ切るため。そして、話し切ることができた。だから、現在に話が戻ってきたら、私に、これでやっと過去の辛かった体験を思い出にすることができたと言うと思う。

最後に、改めて中心発問を投げかけます。これは、救いようのない読後感からの解放にもつながります。

T　小説が「回想」で終わっているのはなぜだろうか？

S　友人の家で過去の体験をあえて告白したことから、僕が過去の自分と向き合うことができ、新しい気持ちになったことは推測できる。結末に現在を入れてまたそのことを書くと説明っぽくなってしまうので、あえて現在は入れなかったんだと思う。

第5章 盆土産

1　教材解釈と単元構想

①単元の中心発問につながる教材解釈

本教材は、時系列に沿って大きく3つの場面に分かれています。

1つは、明日帰ってくる父親に食べさせようと、少年が雑魚釣りをする第一場面。

2つは、帰ってきた父親の土産に驚き、家族で夕食をともにする第二場面。

3つは、亡くなった母親の墓参りをし、東京に行く父親を見送る第三場面。

教材から感じられるテーマは、「家族のつながり」です。さみしさと温かさをあわせもつ、このテーマを感じ取ることは難しいことではありません。そこで、本単元では、「家族のつながり」を感じるのはなぜなのだろうかということに生徒の意識を向けていきたいと考えます。

第５章
盆土産

その際、着目するのは２つです。

１つは、「えびフライ」です。

正月以来の帰郷となる父親の土産が、自分には未知の食べ物である「えびフライ」であることを父からの速達で知った少年は、「えびフライ」とは何かということが気になって仕方がありません。離れて暮らす父親に再会することへの期待感が第一場面での「えびフライ」に象徴されています。第二場面で、「えびフライ」の正体は明らかになります。一晩中「えびフライ」を冷やし続けてきた父親の姿からは、彼の家族への強い愛情が感じられます。また「えびフライ」を家族で食べる描写は細かく、きょうだいがお互いの様子を見ながら「えびフライ」を食べ進めていく姿、しっぽまで食べてむせる祖母の姿からは、父親が買ってきてくれた「えびフライ」を大切に食べようという心情が伝わってきます。ここでの「えびフライ」は、離れていた家族が再会した喜びの象徴となっています。第三場面では、墓参りした際に祖母が母に向けて「えびフライ」を食べた報告をし、それを聞く少年は、墓を上目でしか見られないという、やや後ろめたい感情をもちます。また、父親との別れの際、少年は「さいなら」と言うつもりで「えんびフライ」と言ってしまいますが、ここでの「えんびフライ」は家族が別れる切なさを象徴していると言えます。

もう1つは、登場人物のキャラクターです。

本教材には、会話文を伴う登場人物として「少年」「父親」「祖母」「姉」「喜作」「男車掌」が登場します。これら6名の人物の言葉や行動の意味や、そのときの心情の理解をテーマとつなげたいところです。中心人物である少年は描き込まれている量も多く、心情や個性を読み取りやすいですが、描写されている量は多くない人物でも、「家族の愛情」を感じ取らせる役割を果たしています。例えば、喜作が登場するのは一度きりですが、「真新しい、派手な色の横縞のTシャツをぎこちなく着て」少年の前に登場する姿からは、おそらく同じように出稼ぎに行っている父親が帰郷したうれしさを感じ取ることができます。また、男車掌も登場するのは一度きりです。少年が思わず発した「えんびフライ」に対して父親が応答する場面でバスから降りてきて、「はい、お早くう」と声をかけます。父親と少年の一連の姿を車掌は車内から見ていたのでしょう。別れを惜しむほど、別れは切なくなることを知っている車掌は、あえてぶっきらぼうな応対をしたことが推測されます。

単元の学習に際しては、教材文のプロットやテーマについて解釈した後、**「登場人物たちのキャラクターを読み取ろう」**という中心発問を投げかけることで、作品世界を構築する人物の役割について学ばせていきます。

②単元構想と発問

第1時間目は、単元全体を通した課題設定をすることを目指します。まず、教材文を通読します。教材文を読み終えたところで、感想を出させますが、生徒からは「父親が最後、再び出稼ぎに行ってしまい、さみしい話だった」「家族の温かさが感じられた」といった意見が出てきます。さみしさや温かさといった、「家族のつながり」に関する感想が出てきたところで、この小説の登場人物を尋ねます。6人の登場人物を確認したところで、「家族のつながり」に果たす一人一人の登場人物の意味を追究することを投げかけ、中心発問を設定します。

中心発問

「登場人物たちのキャラクターを読み取ろう」

登場人物のキャラクターを読み取るためには、まず教材文のあらすじや因果関係を把握しておく必要があります。また、テーマもつかんでおく必要があります。そうすることで、小説の展開の中でのそれぞれの登場人物の位置づけを踏まえたうえで、キャラクターを考えていくことができます。

そこで、第2時間目は、「小説のテーマをつかもう」という学習課題を設定します。まず、場面ごとのあらすじを確認します。次に、少年を主人公として因果関係を見つけていきます。変化する前は「父親と出会えてうれしい」、変化の後は「父親と別れるのが切ない」、変化の原因は「父親が出稼ぎに行く」となります。

そして、因果関係を基にしてテーマを考えていきます。「家族の大切さ」「家族がともにいられるありがたさ」といったものが出されます。これらを受けて、家族の大切さなどにつながる登場人物のキャラクターを次時より読み取っていくことを伝えます。

第3時間目は、少年について読み取っていきます。

重要発問

「『えびフライ……。』とつぶやく少年はどんな気持ちだったのだろうか？」

この発問により、見たこともない「えびフライ」に対して強く興味をもっている少年の気持ちを理解させるとともに、父親が帰ってくることで華やいだ気持ちになっていることも押さえます。父親が家に帰ってきたときや、再び出稼ぎに行くところにも「えびフライ」が登場します。

その時々の「えびフライ」が登場するときの気持ちを押さえていくことで、少年の気持ちの変化を追っていきます。

そして第４時間目です。前時に、少年の言動から、少年の個性について読み取ってきています。

改めて、単元の中心発問「登場人物たちのキャラクターを読み取ろう」を示します。

本時は、５人の登場人物のキャラクターの読み取りをしていきます。それぞれの登場人物について全員に考えさせると時間が足りなくなってしまいます。そこで、まず自分で選んだ登場人物についての読み取りを各自にさせます。

生徒は、各自で登場人物の言動を探し、意味づけをしていきますが、教師側からも場面を読み取る発問や補助発問等を投げかけておき、生徒の追究の焦点化を図っていきます。

次に、同じ人物を選んだ生徒同士でグループになり、個人追究をした結果の発表と検討をさせ、各自の読み取りを確かなものにさせます。そのうえで、全体追究に移ります。

③発問で見る単元の見取図

中心発問

登場人物たちのキャラクターを読み取ろう。

凡例

中心発問につながる重要発問

補助発問・切り返し発問

第一場面

父が家に帰る前日

①少年は「えびフライ」は何か気にしつつ、帰郷する父のために川で雑魚を釣る。

「えびフライ……。」とつぶやく少年はどんな気持ちだったのだろうか？

少年は「えびフライ」のことだけを考えていたのだろうか？

第二場面

家に帰った日

②少年は祖母、姉、帰郷した父とともに「えびフライ」を食べる。

喜作はどんな人物なのだろうか？

少年に会ったときに喜作はどんな格好だっただろうか？

姉はどんな人物なのだろうか？

姉はどんな気持ちで「自分の鼻の頭でも眺めるような目つき」をしていたのだろうか？

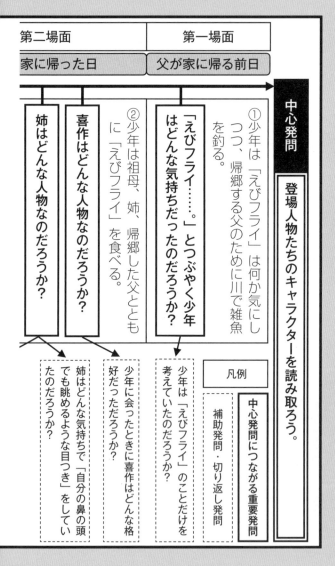

第三場面	
父が東京に戻る日	父が

少年は父に揚げてもらった「えびフライ」を、どんな気持ちで食べているのだろうか？

「歯があれば…」と言った姉はどんな気持ちだったのだろうか？

③少年は家族と一緒に母の墓参りをし、父をバス停まで送っていく。

祖母はどんな人物なのだろうか？

祖母はどんな気持ちで念仏を唱えていたのだろうか？

父親はどんな人物なのだろうか？

父親はどうやって「えびフライ」を持って帰ったのだろうか？

ハンチングを押さえてバスに乗った父親は、どんな表情だったのだろうか？

「えんびフライ。」と言ってしまった少年はどんな気持ちだったのだろうか？

少年が「えんびフライ。」と言う前に何があっただろうか？

男車掌はどんな人物なのだろうか？

「はい、発車あ。」と野太い声で言ったのには、どんな意味があったのだろうか？

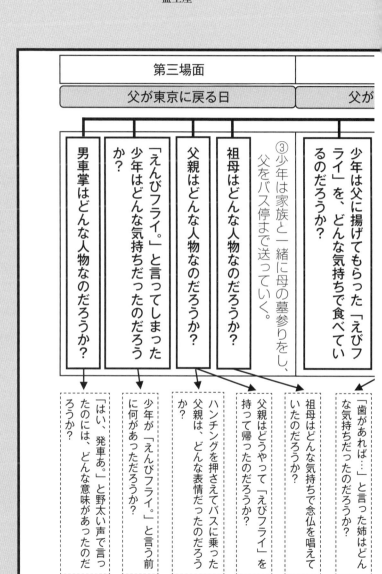

2 発問を位置づけた単元計画

●単元の中心発問
◎単元の中心発問につながる重要発問
○各場面を読むための発問
△補助発問・生徒の反応に対する切り返し発問
・生徒の反応

時	生徒の学習活動	主な発問と反応
1時	1　教師の範読を聞く。 2　感想を出し合う。	・はじめて食べる「えびフライ」に対する期待感や驚きがおもしろかった。 ・東京に出稼ぎに行っている父親が帰ってきて、家族で「えびフライ」を一緒に食べるシーンから幸せを感じた。 ・東京に出稼ぎに行く父親を見送るところでは、親子が切ない気持ちになっていることが感じられて、読んでいる方もさみしい気持ちになった。 ・たくさん登場する「えびフライ」には意味があると思う。

3 教材文に登場する人物を確認する。
4 単元全体の学習課題をつくる。
5 教材文の各場面の時・場所・人物の設定の確認をする。

・多くの人の感想で「家族のつながり」が共通していた。
・少年、父親、祖母、姉、喜作、男車掌の6人。
・各登場人物が、読者に家族のつながりや愛情にかかわる印象を与えるために何らかの意味をもっている。
・6人がそれぞれどんな意味をもっているか知りたい。

●登場人物たちのキャラクターを読み取ろう。

・登場人物のキャラクターを読み取るには、作品のあらすじと、テーマを理解しておく必要があるな。
・第一場面は、盆に入る前日で、父親が帰ってくる前日でもある。主な場所は、川。
・第二場面は、盆に入った日で、父親が帰ってきた日。場所は、少年の家と裏の谷川。
・第三場面は、盆の2日目で、父が出稼ぎに戻る日。場所は、共同墓地とバスの停留所。
・第一場面の登場人物は、少年、姉。
・第二場面の登場人物は、少年、父親、祖母、姉、喜作。
・第三場面の登場人物は、少年、父親、祖母、姉、男車掌。

2時		
	1　本時の学習課題「小説のテーマをつかもう」を確認する。 2　各場面のあらすじを読み取る。	・第一場面では、少年が「えびフライ」は何かを盛んに気にしている。 ・少年は、明日帰ってくる父親のために、川で雑魚釣りをしている。 ・だから第一場面のあらすじは、「少年は『えびフライ』は何かを気にしつつ、明日帰ってくる父親のために川で雑魚を釣っている」でいいな。 ・第二場面は、帰ってきた父親を迎え、ドライアイスや「えびフライ」に驚くところから始まっている。 ・その後、家族みんなで「えびフライ」を食べている。 ・第二場面のあらすじは、「帰ってきた父親の土産の、はじめて見る『えびフライ』を、少年は、父親、祖母、姉と一緒に夕食のときに食べる」だな。 ・第三場面は、午後、家族で母の墓参りに行っている。 ・その後、夕方に、少年はバスの停留所に父親を送っていっている。 ・第三場面のあらすじは、「少年は家族と一緒に母の墓参りをして、父親をバスの停留所に送った」。

3	少年を主人公として因果関係を見つける。
4	教材文のテーマを考える。

・はじめの少年は、父親のために雑魚釣りを朝からしているので、父親が帰るのを待ち遠しく思っている。
・まずい荏胡麻をかみ砕いたときに「父親の土産のうまさをよく味わうため」とあるので、土産の「えびフライ」を楽しみにしている。
・喜作に父の土産の「えびフライ」を自慢していて、父が帰ったことを喜んでいることがわかる。
・終わりの少年は、今度父親が帰ってくるのは正月ということを聞いてしゃくり上げそうになっているので、父親と別れることをとても切なく思っている。
・父親と別れる原因は、父親が出稼ぎに行くことだ。
・因果関係は、「父親が帰ってきて喜んでいた少年が、父親が再び出稼ぎに行くことで、切ない気持ちになる」だ。
・テーマは「家族が離れるさみしさ」かな。
・でも、多く描かれているのは、父親が帰ってくることへの期待や、みんなで食べた「えびフライ」のことなので、さみしさより、「家族の温かさ」の方がいい。
・さみしさも温かさも、家族が思い合っていることから生まれるので、「家族のつながり」がいい。

3時

1　本時の学習課題「少年はどんなキャラクターと言えるかを考えよう」を確認する。

2　「えびフライ……。」とつぶやく少年の気持ちを読み取る。

3　少年はどんな気持ちで「えびフライ」を食べていたのか読み取る。

4　父親と別れる際、「えんびフライ。」と言ってしまった少年の気持ちを読み取る。

5　少年はどんな人物かまとめる。

◎**「えびフライ……。」とつぶやく少年はどんな気持ちだったのだろうか?**

・「えびフライ」がどんなものか気になっている。

△**少年は「えびフライ」のことだけを考えていたのだろうか?**

・「えびフライ」を持ち帰る父親と会うのが楽しみ。

◎**少年は父に揚げてもらった「えびフライ」を、どんな気持ちで食べているのだろうか?**

・父親が一晩中ドライアイスで冷やしてくれたものなので、父親に感謝している。

・一度に食べてしまうのがもったいない。

◎**「えんびフライ。」と言ってしまった少年はどんな気持ちだったのだろうか?**

・「んだら、さいなら」と言うつもりだったけれど、うっかり言ってしまった。

△**少年が「えんびフライ。」と言う前に何があっただろうか?**

・父親が手荒く頭を揺さぶったから混乱して、一番楽しかったことを言ってしまった。

・少年は父親のことが好きでたまらない。

4時

学習活動	読み取りの観点・予想される反応
1 本時の学習課題を確認する。 2 それぞれの登場人物を読み取っていく観点を知る。 3 登場人物を選び、個人で読み取りをする。 4 同じ人物を選んだ生徒同士で発表・検討する。 5 全体で発表・検討する。	**●登場人物たちのキャラクターを読み取ろう。** **◎父親はどんな人物なのだろうか？** **△ハンチングを押さえてバスに乗った父親は、どんな表情だったのだろうか？** **◎祖母はどんな人物なのだろうか？** **△祖母はどんな気持ちで念仏を唱えていたのだろうか？** **◎姉はどんな人物なのだろうか？** **△姉はどんな気持ちで「自分の鼻の頭でも眺めるような目つき」をしていたのだろうか？** **◎喜作はどんな人物なのだろうか？** **△少年に会ったときに喜作はどんな格好だっただろうか？** **◎男車掌はどんな人物なのだろうか？** **△「はい、発車あ。」と野太い声で言ったのには、どんな意味があったのだろうか？** ・喜作は少年に会ったときに「真新しい、派手な色の横縞のTシャツ」を着ていて、お土産をとても喜んでいるから、父親が大好きだということがわかる。 ・腰に花火の筒を刀のように差しているところからも、父親が帰ってきてはしゃいでいる様子がわかる。 ・各人物が皆、「家族のつながり」にかかわっている。

3　授業展開例

①第3時の授業展開例

本時と次時で、登場人物のキャラクターを読み取っていきます。

本時は、少年に絞って考えていきます。少年は本教材の中心人物なので描き込まれている量が多いこと、少年についての読み取りを行うことでその読み取り方を次時に他の登場人物に対しても活用してほしいということ、の2つがその理由です。

まず、学習課題「少年はどんなキャラクターと言えるかを考えよう」を設定します。

次いで、単元の中心発問につながる重要発問を投げかけます。

T　**「えびフライ……。」とつぶやく少年はどんな気持ちだったのだろうか？**

S　「えびフライ」がどんなものか気になっている。

本教材における「えびフライ」は、お互いを思い合う家族のつながりの象徴になっています。登場人物の気持ちの読み取りとともに、機会を捉えて、「えびフライ」が象徴することについても押さえていきます。

ここでは、単に教科書をなぞって、少年にとっては未知の食べ物である「えびフライ」に対する疑問を確認するだけではなく、その先にある父親への思いも意識させます。

T　少年は「えびフライ」のことだけを考えていたのだろうか？

S　「えびフライ」を持って帰ってくる父親と会うのが楽しみだった。

このように問うことで、父親と会えることへの期待感を押さえます。また、このときの「えびフライ」は何を象徴しているのかについても考えさせます。

T　ここでの「えびフライ」は、どんなことを象徴しているのだろうか？

S　家族の再会への期待と不安。「父親が帰ってくれるのはうれしかったが、正直いって土産が少し心もとなかった」とあるから、期待だけじゃない。

S　不安はそんなに強くなかったんじゃないかな。「えびフライ」を「とびきりうまいものにはちがいない」と思ってもいるから。だから、ここでの「えびフライ」は、家族の再会への大きな期待と少しの不安を象徴していると思う。

次に、第二場面での少年について読み取っていきます。

ここでは、「えびフライ」を食べる場面ばかりではなく、父親と再会したところから読み取っていきます。

T　**少年は父に揚げてもらった「えびフライ」を、どんな気持ちで食べているのだろうか？**

S　父親が一晩中ドライアイスで冷やしてくれたものなので父親に感謝している。

S　とてもおいしいので、一度に食べてしまうのがもったいない。

S　二尾もあるので一度に食べてしまうのは惜しい。

S　姉より先になくならないようにと思っていたが、あまりのおいしさで、それも忘れて食べてしまった。

これらのように、生徒からは、父への感謝、もったいない、我を忘れるほどおいしいといった反応が出されます。

これらを受けて、この場面での「えびフライ」は何を象徴しているのかを尋ねます。

T　ここでの「えびフライ」は、どんなことを象徴しているのだろうか?

S　少年は、眠りを寸断し「えびフライ」を冷やし続けた父親に対して感謝しているだろうから、「家族思い」が「えびフライ」が象徴していることだと思う。

S　反対に父親も、家族のために「えびフライ」を冷やし続けてきたから、父親からみても「家族思い」という象徴でいいと思う。

S　「えびフライ」が「家族思い」の象徴だとすると、少年が食べた「えびフライ」がとてもおいしかったということは、それだけ「家族思い」の度合いも深いということだと思う。

S　「えびフライ」を食べるのが惜しいというのは、いつまでも家族で思い合っていたいということとつながっていると思う。

このように、象徴という視点で考えると、反対に象徴からエピソードを眺めて意味づけすることも出来ます。

この後、最後の第三場面を扱います。

T　**「えんびフライ。」と言ってしまった少年はどんな気持ちだったのだろうか？**

S　「んだら、さいなら」と言うつもりだったけれど、うっかりそう言ってしまった。

ここで、切り返し発問をして、場面の様子をもう少しさかのぼって読み取っていきます。

T　少年が「えんびフライ。」という前に何があっただろうか？

S　今度帰るのは正月という話を聞いて、しゃくり上げそうになっている。

S　父親が手荒く頭を揺さぶって混乱している。

少年は、別れる父親を前にして、気丈に振る舞おうとしているのですが、手荒く頭を揺さぶる父親が同様に切ない思いをしていることを無意識に感じ取り、今回の父親の帰郷で一番楽しかった思い出がこぼれ出てしまったのでしょう。だから、「えびフライ」ではなく、「えんびフライ」という最も素朴な言い方になっているとも捉えられます。

この後、少年は父親のことをどのように思っていたかをまとめると、少年は父親のことが好きでたまらないという反応が出ます。

最後に、ここでの「えんびフライ」が何を象徴しているかを考えさせると、「家族が離れる切なさ」といった意見が出されます。

②第4時の授業展開例

前時は、少年の言動から、キャラクターを考えていきました。

本時は、残り5人の登場人物のキャラクターについてそれぞれ考えていきます。

まず、単元の中心発問でもある本時の学習課題を提示します。

T　**登場人物たちのキャラクターを読み取ろう。**

ただし、扱う登場人物が5人と多いので、1人ずつ読み取っていくのでは、授業が単調になり、生徒が飽きてしまいます。

そこで、自分が考えてみたい人物をまず1人選ばせ、その人物のキャラクターについて考えさせていきます。

考えていく際には、生徒が自力で観点を設定することが当然大切ですが、なかなか自分ではどこに注目するとよいのかを見つけられない生徒もいます。また、「ここをぜひ考えてほしい」という教師側の思いもあります。

そこで、本時は、教師からもそれぞれの人物を読み取っていく観点を1つずつ投げかけて、考えさせていきます（ここでは、主発問に対する答えを導き出すための焦点化した発問という位置づけで、補助発問として示します）。

生徒は教師から示された問いを考えるとともに、自分で問いを設定して読み解いていきます。

生徒に示す具体的な問いは、次のようになります。

①父親

重要発問

「父親はどんな人物なのだろうか？」

補助発問

「ハンチングを押さえてバスに乗った父親は、どんな表情だったのだろうか？」

②祖母

重要発問

「祖母はどんな人物なのだろうか？」

補助発問

「祖母はどんな気持ちで念仏を唱えていたのだろうか？」

③姉

重要発問

「姉はどんな人物なのだろうか？」

補助発問

「姉はどんな気持ちで『自分の鼻の頭でも眺めるような目つき』をしていたのだろうか？」

④喜作

重要発問

「喜作はどんな人物なのだろうか？」

補助発問

「少年に会ったときに喜作はどんな格好だっただろうか？」

⑤男車掌

重要発問

「男車掌はどんな人物なのだろうか？」

補助発問

「『はい、発車あ。』と野太い声で言ったのには、どんな意味があったのだろうか？」

この他にも「父親の真新しいハンチングは何を意味しているのだろうか」「祖母はなぜ

えびのしっぽまで食べようとしたのだろうか？」といった問いを立てることができます。

生徒たちは個人追究する中で、それぞれの人物像を考えていきます。

S　喜作は少年に会ったときに「真新しい、派手な色の横縞のTシャツ」を着ていて、お土産をとても喜んでいることがわかる。このことから、喜作も父親が大好きだということがわかる。

この後のグループでの検討、全体での検討を通して、登場人物たちのキャラクターの理解を深めながら、「家族のつながり」というテーマに迫っていきます。

S　みんな、家族に対して温かい気持ちをもっている。

S　それぞれのキャラクターはいろいろだけど、みんな「家族のつながり」にかかわっている。

S　「えびフライ」は、そんな「家族のつながり」の象徴だった。

第6章
字のない葉書

1　教材解釈と単元構想

①単元の中心発問につながる教材解釈

本教材は、筆者が親元を離れていた一学期間を主に描いた前半と、終戦の年、末の妹が疎開し、帰ってくるまでを描いた後半から構成されています。全編を通して伝わってくるのは、「父」の家族に対する強い愛情です。ただし、前半と後半では、父の愛情の描き方は異なっています。

前半は、親元を離れ女学校に通う筆者に対して手紙を送る父の行動が中心に書かれています。父は、「一点一画もおろそかにしない大ぶりの筆」で宛名を書きます。

ここから筆者に対する父の様々な愛情が見えます。手紙が誤配されず、郵便局の方が正確に読み取り、正格に配達され、筆者に早く手紙を読んでほしいという思いもあったでしょう。また、娘の名前を大切に思っているので、一点一画に至るまで丁寧に書いたとも捉えられます。

保険会社の支店長をしていたということからすると、激務であったことが想像できます。にもかかわらず、丁寧に宛名を書いたということは、とても筆者のことを大事に思っていたことがわかります。

娘の敬称に「殿」を使い、文中「貴女」と呼び、折り目正しい時候の挨拶を書いているところからは、まず、一人前の人として筆者をみていることがわかります。また、筆者が手紙を書くようになったときに、はずかしくない手紙を書けるようにしてあげたいという思いがあったことも推測されます。

この他にも、東京の社宅の間取りや植木の種類まで手紙に書いてあったことからは、いずれ東京に来る娘が、自分が住む家に対しての期待感をもってほしいという思い、手紙に難しい漢字を使い、字引を引くように「訓戒」を添えるところからは、漢字がわからなくて恥ずかしい思いをさせないようにしたいという思いが伝わってきます。

このように、教材文の前半は、父の行動に着目し、同化していくことで、彼の愛情を読み取っていくことができます。

後半の場面の前半は、筆者の末の妹が疎開先から送ってくる手紙に注目し、末の妹の心情を父はどのように想像しているかを考え、そのうえで父の心情を解釈していきます。

例えば、「威勢のいい赤鉛筆の大マル」には、末の娘が赤飯を食べ、大満足している気持ちが感じられたでしょう。そのうえで父は、1人で送り出して心配でたまらなかったのが少し安心するとともに、当時の食糧事情は当然理解していたでしょうから、その後の状況を想像し、不憫な気持ちにもなっていたでしょう。

後半、末の妹が帰宅する場面は、父の行動に着目し、同化していくことで、父の心情を読み取っていきます。

筆者の弟が「帰ってきたよ!」と叫ぶまで父は茶の間に座っています。どんな気持ちで座っていたのでしょうか。「帰ってきたよ!」の言葉の後、父は、履物も履かず、はだしで表へ飛び出したのですから、尋常ならざる気持ちで待っていたに違いありません。

このように、本教材は、前半部分と後半部分、それぞれに適した読み方をしていくことで、父の家族に対する愛情を読み取っていくことができます。

短い教材ですから、中心発問**「父の家族に対する愛情を読み取ろう」**を据えて、細かな描写に立ち止まり、言動の意味をじっくりと考えたいものです。

②単元構想と発問

第1時間目は、単元全体を通した学習課題を設定すること、そして、2つの場面の概要をつかむことを目指します。

まず、教材文を通読します。

本教材は教科書4ページほどの分量ですから、通読するのに多くの時間を必要としません。最初は教師が範読し、読みにくい漢字の読みや、難語句の意味を理解させていきます。続いて、生徒に音読させ、教材文の内容を少しずつつかませていきます。

そのうえで、初発の感想を書かせます。

父の言動、筆者の末の妹の手紙が中心に書かれているので、感想の多くはそれらにまつわることになります。父の愛情深さについて触れている感想が出たところで、「暴君だった父は家族に対して愛情はあったのか」を投げかけます。

生徒からは、疎開から帰った末の妹に対する父の態度等を根拠にあげながら、父の愛情の強さの指摘がなされるでしょう。

そこで、本教材では、それだけ娘を大切に思っていた父の家族に対する愛情は、何気なく読んでしまう箇所にも散りばめられているだろうということを伝え、中心発問を投げかけます。

中心発問

「父の家族に対する愛情を読み取ろう」

中心発問に対して妥当性の高い読みをするためには、まず、教材文に書かれていることを正確に理解しておく必要があります。そこで、第1時間目では、各場面の時・場所・登場人物を整理し、あらすじをまとめます。

第2時間目は、教材文前半から父の愛情を読み取っていきます。

重要発問

「父の筆者に対する言動から、筆者に対する愛情を読み取ろう」

前項①で示したように、教材文前半は父の言動に着目し、そこから家族に対する愛情を読み取っていきます。できるだけこまやかに読み取らせていきたいところです。

とはいえ、重要発問を投げかけただけではなかなか活動を進めることができません。そこで、まず父の言動の1つを取り上げ、次のような補助発問を全員で考えます。

補助発問

「一点一画もおろそかにしないで宛名を書いたのは、なぜなのだろうか?」

父に自分を重ねて、離れ離れになっている大切な家族に対して、どんな思いでこの行為をしたのか考えさせます。すると生徒の中から、「間違えて配達されないようにきちんと書いた」「娘の名前も娘と同じだけ大事なのできちんと書いた」といった解釈が生まれていきます。

このようにすることで、追究方法を共通理解させるとともに、登場人物の状況を頭に入れて同化していくことで、書いてあることだけではわからないことも見えてくるおもしろさを生徒に実感させます。そのうえで、各自に追究させていきます。

3時間目は、まず、末の妹の心情を解釈させてから、父の心情を解釈していく流れを、2時間目と同様にモデル学習を行う中で理解させます。そのうえで、各自に解釈をさせ、結果を共有していきます。

③発問で見る単元の見取図

中心発問

父の家族に対する愛情を読み取ろう。

凡例

- 中心発問につながる重要発問
- 各場面を読むための発問
- 補助発問・切り返し発問

第一場面

私が親元を離れていたときの思い出

①普段暴君であった父は、筆者が女学校で親元を離れた一学期間に、手紙を数多く送った。

前半部分の時、場所、人物、あらすじはどのようになるだろうか？

父の筆者に対する言動から、筆者に対する愛情を読み取ろう。

一点一画もおろそかにしないで宛名を書いたのは、なぜなのだろうか？

社宅の間取り、植木の種類まで手紙に書いたのはなぜなのだろうか？

家族なのに、丁寧な言葉で手紙を書

第二場面

終戦の年の思い出

②父は、疎開させた末の妹からマルを書いた葉書を送るようにさせ、病気で疎開から帰ってきた彼女を、声を上げて泣いて迎えた。

後半部分の時、場所、人物、あらすじはどのようになるだろうか？

末の妹の行動や、家族や末の妹に対する父の言動から、父の妹に対する愛情を読み取ろう。

- いたのはなぜなのだろうか？
- 訓戒を添えていたのは父の厳しさなのだろうか？
- おびただしい葉書に几帳面な筆で宛名を書いた意味は何だろうか？
- 赤鉛筆の大マルを見た、父はどのような気持ちになったのだろうか？
- バツの葉書も来なくなったとき、父はどのような気持ちになっただろうか？
- 声を上げて泣く父は、どのようなことを思っていたのだろうか？
- 私が字のない葉書を一度も見ていないのはなぜなのだろうか？

2　発問を位置づけた単元計画

●単元の中心発問
◎単元の中心発問につながる重要発問
○各場面を読むための発問
△補助発問・生徒の反応に対する切り返し発問
・生徒の反応

時	生徒の学習活動	主な発問と反応
1時	1　本時の学習課題をつかむ。 2　教師の範読を聞く。 3　各自で音読する。 4　感想を書き、出し合う。	・「時候」は「じこう」と読むのだな。 ・自分で音読すると、聞いているだけでは気づかなかった言葉にも気づくことができる。 ・「暴君」である父と、筆者に丁寧な手紙を送る父では、ギャップが大きい。 ・字が書けない末の妹にマルを書かせるというアイデアはとてもよいと思った。 ・普段は威張っている父が、筆者の末の妹が疎開から帰ってきたときに、声を上げて泣いたところが驚きだった。

5 「暴君だった父は家族に対して愛情はあったのか」について意見交換する。

6 単元を通した学習課題を設定する。

7 各場面の設定とあらすじをまとめる。

・父は、家族に対しては威張っているけれど、実際には家族のことをとても大切に思っている気がする。
・子どもに対する愛情が強くなければ、おびただしい葉書に宛名を書いたりしない。

●父の家族に対する愛情を読み取ろう。

○前半部分の時、場所、人物、あらすじはどのようになるだろうか?

・時は、筆者が女学校一年で初めて親元を離れたとき。
・場所は、父の家と筆者の住まい。人物は、筆者と父。
・あらすじは、「父は家では暴君だったが、女学校一年の筆者が親元を離れたときは、頻繁に丁寧な手紙を筆者に送った」とまとめられる。

○後半部分の時、場所、人物、あらすじはどのようになるだろうか?

・時は終戦の四月。場所は、妹の疎開先と東京の家。
・人物は、筆者と父と末の妹、上の妹、弟。
・あらすじは、「父は、疎開したまだ字の書けない末の妹に字のない葉書を送らせた。父は、健康を害して疎開先から帰ってきた妹を、声を上げて泣いて迎えた」となる。

2時

1 本時の学習課題を確認する。

2 父が筆者に手紙を書く際の宛名の書き方から、父の筆者に対する愛情を読み取り、話し合う。

◎父の筆者に対する言動から、筆者に対する愛情を読み取ろう。

△一点一画もおろそかにしないで宛名を書いたのは、なぜなのだろうか？

・初めて親元を離れた筆者は不安な気持ちが強いだろうから、手紙が間違って配達されずに早く筆者のもとに届いてほしいという思いがあったと思う。

・一点一画もおろそかにしないということは、それだけ丁寧に書いたということだから、筆者の名前を書くことで、筆者を大切に思っているという気持ちを表したかったのだと思う。

・丁寧に大きな字で書くことで、父の存在を筆者に意識させて、安心してほしいと願ったから。

・少しずれるけれど、宛名のことが書いてある前に「当時保険会社の支店長をしていた」とあるので、父はとても忙しかったが、仕事以上に筆者のことが大切だという思いが感じられる。

3 どのように考えると父の気持ちを読み取ることができたのか述べ合う。

4 教師側で示す叙述の中から父の思いを読み取れそうな箇所を選び、各自で考える。

・教師側で示した叙述に関する読み取りを終えたら、自分で叙述を見つけて考える。

5 ペアになり、読み取った内容を述べ、検討する。

6 クラス全体で、読み取ったことを、教材文の前の方から発表し、検討する。

7 本時の振り返りをする。

・父と筆者は離れた場所に住んでいること、筆者にとっては初めて親元を離れたことを確かめてから考える。

・自分を父に重ねて考える。

△社宅の間取り、植木の種類まで手紙に書いたのはなぜなのだろうか？

△家族なのに、丁寧な言葉で手紙を書いたのはなぜなのだろうか？

△訓戒を添えていたのは父の厳しさなのだろうか？

全体追究での反応

・社宅の間取りや植木の種類まで手紙に書いたのは、一緒に住むことへの期待感をもたせるため。

・丁寧な言葉で手紙を書いたのは、筆者のことを「一人前の人」として考えているから。

・つけ加えで、将来大人になって手紙を書くときに困らないようにするため。

・訓戒を添えていたのは、あえて難しい漢字を使い、筆者に教養を身につけてほしいから。

・何気ない言動のようでも、父の立場になってみると、愛情が込められていることが伝わってきた。

3時

1 本時の学習課題を確認する。

2 赤鉛筆の大マルを見た父はどのような気持ちになったかを読み取り、話し合う。
・まず、末の妹の気持ちを考える。
・次に、父の気持ちを考える。

3 父の言動については前時と同様の読み取り方をし、末の妹の気持ちを考えたうえで父の気持ちを考える流れを確認し、各自で読み取りを進める。
・教師側で示す叙述の中から末の妹の思いと父の思いが読み取れそうな箇所を選び、各自で考える。

◎末の妹の行動や、家族や末の妹に対する父の言動から、父の妹に対する愛情を読み取ろう。

△赤鉛筆の大マルを見た父は、どのような気持ちになったのだろうか？
・末の妹は、疎開先で赤飯やぼた餅を振る舞ってもらってとても喜んでいる。
・父は、機嫌のよい娘の様子を知りひと安心している。
・父は、ごちそうは続かないことがわかっているので、今は、娘の機嫌がいいけれど、辛い気持ちになることが予想されるので、むしろ心配な気持ちになっている。

△おびただしい葉書に几帳面な筆で宛名を書いた意味は何だろうか？

・教師側で示した叙述に関する読み取りを終えたら、自分で叙述を見つけて考える。 4　ペアになり、読み取った内容を述べ、検討する。 5　クラス全体で、読み取ったことを、教材文の前の方から発表し、検討する。 6　振り返りをする。	**△バツの葉書も来なくなったとき、父はどのような気持ちになっただろうか？** **△声を上げて泣く父は、どのようなことを思っていたのだろうか？** **△私が字のない葉書を一度も見ていないのはなぜなのだろうか？** 全体追究での反応 ・おびただしい葉書に宛名を書いた理由は、途中で葉書が足りなくなったらまだ字の書けない末の妹はとても困ると思ったから。 ・バツの葉書が家に来なくなったときには、末の妹は×印も書けないほど気持ちが沈んでしまっていた。元気がなく、家族に会いたいと思っていた。そんな娘の気持ちを想像する父は、娘が心配でたまらない。遠いところに1人で行かせたことを後悔している。 ・声を上げて父が泣いていたのは、娘を1人で疎開させてさみしい思いをさせて申し訳ないという気持ちがあふれたから。 ・暴君の父ではあったけれど、細かく読んでいくと、筆者や末の妹への愛情の強さがよく理解できた。

3　授業展開例

①第2時の授業展開例

本時は、教材文の前半部分から、父の家族に対する愛情を読み取っていきます。まず、重要発問を投げかけ、本時の学習課題を設定します。

T　**父の筆者に対する言動から、筆者に対する愛情を読み取ろう。**

学習課題を設定して、すぐに個人追究に入ると、生徒の活動はなかなか活発に展開しません。どこに着目していくとよいかの見当がつかないからです。

そこで、父の言動の中から1つ選び、クラス全体で読み取りをします。

T　一点一画もおろそかにしないで宛名を書いたのは、なぜなのだろうか?
　まず、父が筆者に手紙を書く際の宛名の書き方から、父の筆者に対する愛情を読み取り、話し合います。

S　初めて親元を離れた筆者は不安な気持ちが強いだろうから、手紙が間違って配達されずに早く筆者のもとに届いてほしいという思いがあったと思う。
S　一点一画もおろそかにしないということは、それだけ丁寧に書いたということだから、筆者の名前を書くことで、筆者を大切に思っているという気持ちを表したかったのだと思う。
S　丁寧に大きな字で書くことで、父の存在を筆者に意識させて、安心してほしいと願ったから。
S　少しずれるけれど、宛名のことが書いてある前に「当時保険会社の支店長をしていた」とあるので、父はとても忙しかったけれど、仕事以上に筆者のことが大切だという思いが感じられる。

この活動の段階では、国語が得意な生徒から意見が多く出される傾向があり、国語が苦手な生徒にとっては少し難しい活動になります。そこで、意見を出した生徒にどのようにしたら読み取れたのかを尋ねます。

T　どのようにしたら父の気持ちを読み取ることができましたか？
S　父と筆者は離れた場所に住んでいること、筆者にとっては初めて親元を離れたことを確かめてから考える。
T　家族が置かれた状況に着目したのですね。他にはどうでしょう？
S　自分を父に重ねてみました。

このようにして、家族が置かれた状況を頭に入れて、父に同化する読み方を共有化してから、次の段階に進みます。

次は各自で、父の言動から筆者に対する愛情を読み取っていきます。

ここでも、無条件で個人追究させてしまうと、細かな描写に目を止めることがなかなかできない生徒がいます。そこで本時は、3つの叙述を示し、その中から読み取っていきたいものを選び、追究させていきます。

3つの中から1つ読み取ることができたら、残りの2つの読み取りを行うか、あるいは、教材文の中から自分で叙述を見つけて読み取るようにします。こうすることで、たいていは1つの叙述について複数の生徒が読み取りをしていくので、読みを広げたり、深めたりしていくことができます。

具体的には、次の3つを生徒に示します。

「社宅の間取り、植木の種類まで手紙に書いたのはなぜなのだろうか?」
「家族なのに、丁寧な言葉で手紙を書いたのはなぜなのだろうか?」
「訓戒を添えていたのは父の厳しさなのだろうか?」

生徒はまず個人追究をして、読み取っていきます。

次に隣同士でペアになり、お互いが考えた内容を紹介し合い、意見交換します。相手に説明することによって自分の考えを確かにしたり、相手の説明を聞くことによって自分の考えをより高める示唆を得たりします。

ペアでの意見交換が終わったら、学級全体での意見交換をします。

S　父が、社宅の間取りや植木の種類まで手紙に書いたのは、一緒に住むことへの期待感をもたせるため。

S　宛名に「殿」をつけたり、時候の挨拶をきちんと入れたり、筆者を「貴女」と読んだりして、丁寧な言葉で手紙を書いたのは、筆者のことを一人前の人として考えているから。

S　つけ加えで、将来大人になって手紙を書くときに困らないようにするため。

S　訓戒を添えていたのは、あえて難しい漢字を使い、筆者に教養を身につけてほしかったから。

このようにして、教師側で示した叙述の読み取りをまず行います。

その後は、各自が見つけて読み取ったものについて発表し、意見交換していきます。発表は、教材文の前の方の叙述から出させていきます。

S 「三日にあげず手紙をよこした」というところから、初めて親元を離れて暮らす筆者をさみしくさせたくないという父の思いが感じられる。

S 手紙は一日に二通来ることもあったので、父の頭から常に筆者の姿が離れなかったこと、それだけ心配していたことがわかる。

全体追究を終えたら、本時の学習の振り返りをします。

S 何気ない言動のようでも、父の立場になってみると、愛情が込められていることが伝わってきた。

何が読み取れたのか、それはどのように考えたから読み取れたのかの大きく2つの点からの振り返りをします。読み取った内容の自覚とともに、読み取るための考え方も大切にします。

②第3時の授業展開例

本時は、後半の場面について読み取っていきます。

重要発問を投げかけ、学習課題を設定します。

T　**末の妹の行動や、家族や末の妹に対する父の言動から、父の妹に対する愛情を読み取ろう。**

本時は、父の言動から父の気持ちを読み取っていく活動と、末の妹の気持ちを読み取り、そのうえで父の気持ちを読み取る活動とが必要になります。

まず、末の妹の気持ちを読み取り、そのうえで父の気持ちの読み取りをしていく活動を全体で行います。

T　赤鉛筆の大マルを見た父は、どのような気持ちになったのだろうか？

父の気持ちを考える前に、まず末の妹の気持ちを考えると、生徒の反応は次のようになります。

S　疎開先で赤飯やぼた餅を振る舞ってもらって、とても喜んでいる。
S　疎開先の人に温かく受け入れてもらい、元気いっぱい。

続いて、父の気持ちを考えます。

S　父は、機嫌のよい娘の様子を知り、ひと安心している。
S　父は、ごちそうは続かないことがわかっているので、今は、娘は機嫌がよいけれど、辛い気持ちになることが予想されるので、むしろ心配な気持ちになっている。

このようにして、筆者の末の妹の言動からも、父の気持ちを読み取っていくことができることを確認し、前時に行った前半部分の父の気持ちの読み取り方を思い出させたうえで、個人追究に移ります。前時と同様、個人追究の時間に着目する叙述をあげます。

「おびただしい葉書に几帳面な筆で宛名を書いた意味は何だろうか?」

「バツの葉書も来なくなったとき、父はどのような気持ちになっただろうか?」

「声を上げて泣く父は、どのようなことを思っていたのだろうか?」

「私が字のない葉書を一度も見ていないのはなぜなのだろうか?」


各自、このうち1つを選択し、読み取りを行ったら、残りの3つの読み取りを行ってもよいですし、教材文の別の叙述を読み取ることも可とします。個人追究を行った後は、隣の席の生徒とペアになり、お互いの読み取りを発表し、検討し合います。

その後、全体追究に入ります。まず、教師が提示した叙述についての読み取りを行ったものから発表させ、検討していきます。

S　おびただしい葉書に宛名を書いた理由は、途中で葉書が足りなくなったら、まだ字が書けない末の妹はとても困ると思ったから。
S　「おびただしい」というのは、数が非常に多いという意味だから、おびただしい葉書に宛名を書いたということは、戦争がこの先も長く続くかもしれないという懸念と、そうなったときに、末の娘が葉書を送れず困ることがないようにしたいという思いがあった。

S ここでも父は、筆者に対してと同じように几帳面な筆で宛名を書いている。このことから、末の娘からの手紙が間違いなく届くことを願っている。

S バツの葉書が家に来なくなったときには、末の妹はバツ印も書けないほど気持ちが沈んでしまっていた。元気がなく、家族に会いたいと思っていた。そんな娘の気持ちを想像する父は、娘が心配でたまらない。遠いところに1人で行かせたことを後悔している。

S 声を上げて父が泣いていたのは、娘を1人で疎開させ、さみしい思いをさせて申し訳ないという気持ちがあふれたから。

S 筆者が字のない葉書を見ていないのは、手紙を大切にしていた父だけれど、末の娘に字のない葉書を書かせることでかえって辛い思いを意識させてしまったことに心を痛め、処分してしまったからではないか。

教師が示した叙述以外でも、父の気持ちを読み取っていくことのできる箇所はいくつもあります。

後半の場面の前の方から発表させていくと、以下のような反応があります。

S 「元気な日はマルを書いて、毎日一枚ずつポストに入れなさい」というのは、字の書けない末の娘が心配でたまらず、少しでも様子を知りたいと思ったから。

S 「遠足にでも行くようにはしゃいで」は、末の娘がこの先どうなるかがよくわかっていないからだけど、父としては、その後の辛い生活を思い浮かべ、はしゃいでいる分気持ちの落ち込みが大きくなるだろうことを切なく思っている。

終末では、読み取り方と読み取ったことを大まかに振り返らせます。

S 状況を頭に入れて言動を読んでいくと、暴君の父ではあったけれど、筆者や末の娘への愛情の強さがよく理解できた。

第7章
卒業ホームラン

1　教材解釈と単元構想

①単元の中心発問につながる教材解釈

本教材に登場する主要な人物は、徹夫、佳枝の夫妻と、彼らの子どもの中二になる娘の典子と小六の智の4人です。徹夫は智が所属する少年野球チームの監督です。物語は、そのチームの二十連勝がかかっている最後の試合の一日の出来事を主に展開していきます。徹夫は大きく3つのことで悩む存在として描かれています。

1つめは、温情采配をするか、勝負に徹するかです。

試合当日の朝、山本君の父親からの息子を先発出場させられないかという願いや、試合前日の夜の奥島君の母親から試合に出られるのか教えてほしいという補欠の子の親からの願いに対して、ふざけるなと思いつつも、親の気持ちに対する共感や、智に背番号16を与えたうしろめたさから、気をつかってしまいます。一方で、全勝のまま小学校を卒業させてやりたいという、勝負へのこだわりもあります。それらの葛藤の中、一度は智をベンチ入りメンバーに決めます。が、ピッチャーの江藤君の調子、相手チームの迫力、そして、四番バッターの前島君の両親の、勝利への願いが詰まった横断幕を見ることで、結局智をベンチからも外してしまいます。そのため、試合後半、劣勢に立たされ、補欠の子をみんな出すようになった際にも、智を出場させることはできず、後悔することとなります。

2つめは、智の気持ちがわからないことです。

智は、ベンチ入りメンバーから外れても普段と変わらず他のメンバーに接します。自分の代わりに入った下級生の長尾君に対しても同様です。徹夫には、そんな「いいことがないのに、頑張る」智の気持ちが理解できません。

3つめは、典子からの問いに対して答えられないことです。

典子は、努力することに対して虚しさを感じています。徹夫は、そんな典子から、がんばると何かいいことがあるのかを問われ、言葉に詰まってしまいます。また、張りきっている智を最後だから試合に出してあげればいいのにという典子の言葉にも、うまく答えることができません。

徹夫の抱えるこのような3つの悩みは、教材文後半、試合が終わった後、智が中学校に行っても野球部に入りたいという理由の「僕、野球好きだもん」という答えにより、消えていきます。智は、徹夫や典子のように、何かを手に入れたいという思いで努力する、というよりも、自分の好きなことにひたすら一生懸命打ち込んでいたのでした。この言葉によって、結果を得るために努力するということに意識が傾斜していた徹夫は、好きなことに打ち込むことの尊さに気がつきます。さらに、好きなことをがんばればいいことがあるという思いを智に感じさせたいと思い、三球勝負をします。ここで智はショートフライとなってしまいますが、徹夫は改めて父親として家族のありのままを受け止めようという気持ちに至り、「家族みんなで、ホームインしよう」という意識になります。

結果、「頑張っても、なあんにもいいことないじゃん」と言う典子に対して、「今なら、何かをあいつに話してやれるかもしれない」という思いに変わります。

ここでは、**「徹夫は典子に何を話すつもりだろうか？」**を単元の中心発問に据えて展開していくことにより、狭い価値観の枠から典子を解放しようとするであろう徹夫の言葉を考えさせます。徹夫が典子にかける言葉は、生徒が自身に対してかけてほしい言葉かもしれません。

②単元構想と発問

第1時間目は、教材文を通読し、感想を書かせます。感想を述べ合う中から、単元全体の中心発問を設定します。

中心発問

「徹夫は典子に何を話すつもりだろうか？」

授業の導入で、生徒が日々勉強や生徒会、部活動などがんばっていることを取り上げ、「がんばっていることに意味はあるのか」という疑問を投げかけます。

それに対し生徒からは、自分を鍛えるためとか、学校がよりよくなるためといった答えが返ってきます。でも、がんばることに対してどんな意味があるのかわからないという生徒もいます。

中学2年生は、部活動で3年生から代替わりし、自分たちが主体となる中、自分が今後レギュラーを取れるか不安だったり、学校での勉強の難しさもよくわかってきたりする時期です。そういった状況の中、強い意志をもってがんばっている生徒もいれば、結果が見えない中、がんばることの意味に疑問をもつ生徒もいます。

そこで、がんばることに対する1つの考えをこの教材から読み取ることができるということを生徒に伝え、読むことに対する興味関心を喚起します。そのうえで、教材文を通読して感想を書き、発表し合います。

生徒の感想には「僕も部活動で野球をやっているけれど、監督さんの選手起用には葛藤があることがわかった」「私も典子みたいにテスト勉強をがんばってもテストが全然できなくて、がんばっても意味がないと思うことがある」など、自分の体験と教材文の内容を重ね合わせたものがみられます。そこで、結末での徹夫の「今なら、何かをあいつ（典子）に話してやれるかもしれない」を取り出し、中心発問を投げかけます。

中心発問を考えるためには、徹夫や典子にどのような設定がなされているかをつかむ必要があります。そこで、第2時間目の学習課題として、次の重要発問を位置づけます。

重要発問

「徹夫は、がんばったら何かいいことがあるのかという典子の問いに、なぜ答えられないのだろうか？」

まず、全体を「智の最後の試合の朝①」「智の最後の試合の朝②」「智の最後の試合」「智の最後の試合の後」の4つに分けます。そのうえで、4人の登場人物の設定を把握したら、「智の最後の試合の朝②」から、徹夫、典子がそれぞれこだわっていたことを見つけ、2人の「努力」に対する捉えを把握します。

第3時間目は、智の言葉により、典子に対する言葉を獲得していった徹夫の姿を中心に読み取っていきます。

重要発問

「徹夫の気持ちは、何が原因でどのように変わったのだろうか？」

智をベンチから外したにもかかわらず試合に惨敗し、監督として勝利を失い、父親としても役割を果たすことができなくなった徹夫の気持ちを押さえたうえで、智の「野球好きだもん」を徹夫はどのような思いで受け止めたのかを考えさせます。

そして、第4時間目では、改めて中心発問を投げかけ、徹夫は典子にどのようなことを言ったのか考えさせます。がんばるのは、目的を達成するためという価値観ではなく、自分の好きなことを追究するためという価値観に基づいた意見が期待されます。

③発問で見る単元の見取図

中心発問

徹夫は典子に何を話すつもりだろうか？

第二場面	第一場面
合の朝②	智の最後の試合の朝①
②ベンチ入りメンバー選びに頭を悩ませ、典子に反論できない徹夫	①智の最後の試合への準備を確認し、典子の心配を妻とする徹夫

徹夫は、がんばったら何かいいことがあるのかという典子の問いに、なぜ答えられないのだろうか？

登場人物はどのように設定されているだろうか？

凡例
- 中心発問につながる重要発問
- 各場面を読むための発問
- 補助発問・切り返し発問

徹夫が山本君の父親からの電話に憤った理由は何だろうか？

徹夫が智をベンチ入りメンバーに選んだのはなぜだろうか？

典子はがんばることに対して、どの

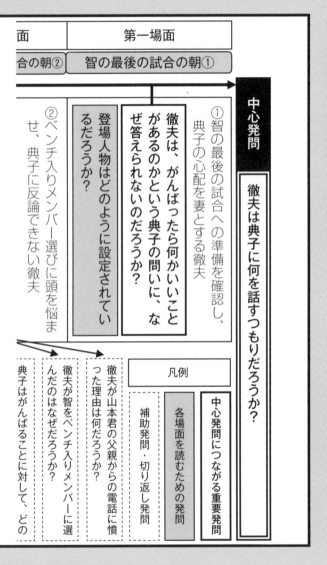

第二場	第三場面	第四場面
智の最後の試	智の最後の試合	智の最後の試合の後
徹夫と典子がそれぞれこだわっていたことは何だろうか？	③智をベンチ入りさせられず、試合にも惨敗した徹夫	④智の言葉に心の中のわだかまりが消え、典子への言葉をもった徹夫
	徹夫はなぜ父親としての自分を許せないと思ったのだろうか？	徹夫の気持ちは、何が原因でどのように変わったのだろうか？

ように思っているのだろうか？

徹夫はなぜ智をベンチ入りメンバーから外したのだろうか？

徹夫は、補欠の子も出してあげるよう勧めてくる吉岡君の父親に対して、どのように接しているだろうか？

徹夫はなぜ智の「野球好きだもん」で肩の重みが消えたのか？

徹夫はなぜ智と三球勝負をしようとしたのだろうか？

土手に来ていた典子の姿から、徹夫は何を感じたのだろうか？

徹夫の「家族みんなで、ホームインしよう」という思いの意味は何だろう？

2　発問を位置づけた単元計画

●単元の中心発問
◎単元の中心発問につながる重要発問
○各場面を読むための発問
△補助発問・生徒の反応に対する切り返し発問
・生徒の反応

時	生徒の学習活動	主な発問と反応
1時	1　学校生活を送る中で、「がんばること」に対して感じていることを述べ合う。 2　がんばることにどんな意味があるのかを考える。	・毎日の部活動をがんばっている。 ・テストの前にはテスト勉強をがんばっている。 ・生徒会活動をがんばっている。 ・部活動でがんばる目的は、レギュラーになって試合に出ること。 ・テスト勉強でがんばる目的は、テストで満足のいく結果を出すこと。 ・生徒会でがんばる目的は、学校中の生徒の生活をよりよくするため。 ・勉強をがんばれば、それだけテストで結果が出せる。 ・同じ学年の生徒は多いし、1年生にも上手な生徒はい

3　教材文を読む視点をもつ。

4　範読を聞く。

5　感想を書き、交流する。

6　単元全体の学習課題をもつ。

るから、部活動をどんなにがんばっても、レギュラーになれないことはある。

・英語が好きで勉強をがんばっているけれど、2年になり内容が難しくなってきて、自信がなくなってきた。

・がんばることの意味に対する考えはどのようなものだろう。

・僕も部活動で野球をやっているけれど、監督の選手起用に葛藤があることがわかった。

・私も典子みたいにテスト勉強をがんばってもテストが全然できなくて、がんばっても意味がないと思うことがある。

・徹夫の気持ちにはところどころよくわからないところがあった。

・徹夫は最後に「今なら、何かをあいつに話してやれるかもしれない」と言っているけれど、典子に何を話してやれると思っているのだろう。

●徹夫は典子に何を話すつもりだろうか？

・徹夫は典子にずっと言い負かされていたので、どんな言葉をもったのか、しっかりと読み取りたい。

2時

1　本時の学習課題を把握する。 2　教材文を４つに区切る。 3　第一場面での登場人物の設定を読み取る。 4　第二場面から、徹夫、典子がこだわっていたことを読み取る。	**◎徹夫は、がんばったら何かいいことがあるのかという典子の問いに、なぜ答えられないのだろうか？** ・「智の最後の試合の朝①」「智の最後の試合の朝②」「智の最後の試合」「智の最後の試合の後」の４つになる。 **○登場人物はどのように設定されているだろうか？** ・徹夫は智の所属する少年野球の監督。中二の典子の無気力さに悩んでいる。 ・妻の佳枝は典子の様子の方が智のことより気になっている。 ・娘の典子はがんばることに対して意味がないと思っている。 ・息子の智は今日が最後の試合。実力がなく、試合には出られそうにない。 **○徹夫と典子がそれぞれこだわっていたことは何だろうか？** ・徹夫は二十連勝をさせてやりたいと思っている反面、最後の試合に、智も含めてできるだけ多くの子を出したいと思い、気持ちが揺れている。 ・典子は、がんばっても何もいいことがないと思っている。

3時
1　本時の学習課題を把握する。 2　徹夫が自分を許せないと思った理由を話し合う。 3　徹夫の気持ちは何が原因でどのように変わったのか話し合う。
◎徹夫の気持ちは、何が原因でどのように変わったのだろうか？ **○徹夫はなぜ父親としての自分を許せないと思ったのだろうか？** ・明るく振る舞おうとしているが、試合に出られなかった悲しみが見える智に対して申し訳ないから。 ・智が6年間一生懸命がんばって練習してきたのに、最後まで試合に出すことができなかったから。 ・迷った末に智をベンチから外し、結果的に智を試合に出せなかった自身の優柔不断さに腹が立ったから。 ・智の「僕、野球好きだもん」という言葉を聞いて、たとえ結果は出せなくても、好きだからがんばることができるという価値観を知った。 ・典子が土手で見ていることを知り、実は不安な思いを抱えていることを感じ、支えてあげたいと思った。 ・智にがんばれば結果も出るという思いをもたせようと三球勝負をしたけれど、ショートフライになってしまったり、典子が1人で土手にいたりする姿を見たことから、家族に何かあっても、家で受け止めてあげようという気持ちになった。

4時

1　本時の学習課題を確認する。

2　土手から様子を見ていた典子の気持ちを読み取る。

・個人で考えをもったら、グループになり、考えを交流し合う。

・その後、全体で検討する。

●徹夫は典子に何を話すつもりだろうか？

・典子は模試をさぼって遊んでいたけれど、一緒に遊ぶ相手がいなくて、退屈したので弟の野球の試合を見に来た。

・ただ退屈したのなら、家に帰って自分の好きなことをしている方がいいと思う。退屈しのぎなら、弟の他に、最近意見が合わない父親の徹夫や佳枝がいるところに来たら気分が悪くなるので、そういうところには行かないと思う。

・典子はがんばっても意味がないと徹夫に対しては反抗的な態度をとっているけれど、本当はこの先の受験を考えると不安でたまらないと思う。

・不安なので、家族がいるところのそばに行きたくなったんだと思う。

・典子は、智がベンチから外されたのを知らず、智が試合に出るのを見たかったので、土手から見ていたのかもしれない。

・智が試合に出て、がんばればいいことがあるというのを感じたいという願いがあったのかもしれない。

・試合に出ていなくても、三球勝負をしているところを

3　教材文で手がかりとなるところに線を引き、徹夫は典子に何を話し、典子はどのように返すのか考えて、検討する。

・個人で考えをもったら、グループになり、考えを交流し合う。
・その後、全体で検討する。

見て、智の真剣な姿に疑問をもっている。

・徹夫は典子に「がんばっても何もいい結果が出ないこともある。でも、自分の好きなことに対してだったらそれでもがんばろうと思うだろう。自分の好きなことが見つかったらがんばればいいよ」と言い、典子は「本当にやりたいことが見つかったらがんばるね」と答える。
・徹夫は典子に「努力しても結果が伴わないことはたくさんある。どんなことがあってもお父さんは典子の味方だから心配いらないよ」と言い、典子はきっと無言でうなずくと思う。
・徹夫は典子に「夢中になることがあったらがんばればいい」と言っていると思う。でも、典子は「でも、がんばらなかったら、高校にも行けなくなるでしょ。そうしたら、お父さん世間体悪いでしょ?」とそこでも反論するかもしれない。
・そうなったら、徹夫はきっと「高校に行くことばかりが大事じゃない。どんな典子でも、お父さんは守れるよ」と言っていると思う。

3　授業展開例

①第2時の授業展開例

本時は、はじめに教材文を４つに区切り、登場人物の設定を読み取った後で、徹夫は、典子の、がんばったら何かいいことがあるのかという疑問になぜ答えられないのかについて考えていきます。単元の中心発問「徹夫は典子に何を話すつもりだろうか?」は、前時に設定してあるので、導入の学習課題設定の段階で、中心発問につながる重要発問を投げかけ、中心発問の解決のために本時はまず２人の状況を押さえることを確認します。

T　**徹夫は、がんばったら何かいいことがあるのかという典子の問いに、なぜ答えられないのだろうか?**

まず、教材文の4つの場面に見出しをつけます。はじめに教科書の空き行を境にして4つに分かれていることに気づかせます。次に、それぞれどのような小見出しをつけたらよいか検討していきます。

続いて、場面を読み取る発問をして、第一場面から人物の設定を読み取っていきます。

T　登場人物はどのように設定されているだろうか？
S　徹夫は智の所属する少年野球の監督。中二の典子の無気力さに悩んでいる。
S　妻の佳枝は典子の様子の方が智のことより気になっている。
S　娘の典子はがんばることに対して意味がないと思っている。
S　息子の智は今日が最後の試合。実力がなく、試合には出られそうにない。

大まかな人物設定をつかんだら、さらに場面を読み取る発問を投げかけて、第二場面から徹夫と典子の考え方を読み取っていきます。

T　徹夫と典子がそれぞれこだわっていたことは何だろうか？

すぐに答えは出せないので、段階を追って読み取っていきます。
まず、徹夫の考え方から読み取っていきます。

T　徹夫が山本君の父親からの電話に憤った理由は何だろうか?
S　選手起用については監督の仕事なのに、自分の家の事情で息子を出してほしいという親のわがままが気に障ったから。
T　徹夫は二十連勝しているチームの監督として勝負に徹したかったのですね。
S　そういうわけでもないような感じがする。
T　徹夫が智をベンチ入りメンバーに選んだのはなぜだろうか?
S　徹夫よりうまい5年生がいるけれど、最後の試合なので、ベンチに入れようと思った。
S　試合には出られない可能性が高いけれど、6年間がんばってきたご褒美としてベンチには入れたいと思った。
T　こんな徹夫のことをみんなはどう思いますか?
S　二十連勝をさせてやりたいと思っている反面、最後の試合に、智も含めてできるだけ多くの子を出したいと思い、気持ちが揺れている。

続いて典子が感じていることについて読み取っていきます。

T 典子はがんばることに対して、どのように思っているのだろうか？
S がんばっても何もいいことはないと思っている。

最後に、重要発問に戻り、勝負に徹して結果を求めることを大切にする思いと、目標に向けてがんばっていることを大切にする思いの両方を大事にしようと思う徹夫の中途半端な姿勢のため、典子の指摘に対して答えに窮したことを読み取らせます。

T **徹夫は、がんばったら何かいいことがあるのかという典子の問いに、なぜ答えられないのだろうか？**
S がんばる過程は大切だが、これまで6年間がんばったけれど、最終戦でも試合に出られそうにない智の姿を見ていると、典子の指摘はもっともだと思ったから。

②第3時の授業展開例

本時は、**「徹夫の気持ちは、何が原因でどのように変わったのだろうか?」**を学習課題として取り組んでいきます。

まず、場面を読み取る発問「徹夫はなぜ父親としての自分を許せないと思ったのだろうか?」を示したうえで、第三場面から徹夫の勝負に徹しきれない姿と後悔を読み取っていきます。

T　徹夫はなぜ智をベンチ入りメンバーから外したのだろうか?
S　もともと5年生で智よりうまい子がいて、その子を使おうか迷っていた。
S　ピッチャーの江藤君の調子が悪く、相手チームの強そうな様子に、手こずりそうな感じがしていたから。
S　前島君の両親の掲げた横断幕の「目指せ不敗神話　祈・二十連勝」の文字に代表されるように、保護者からの二十連勝に向けてのプレッシャーが強かった。

もともと、勝利のためではなく、我が子かわいさで智をベンチ入りさせようとしたため、勝利を目指さねばならない状況に直面して、私的な思いでの判断は変更せざるを得なくなったことを読み取らせます。

けれども、最後まで勝利を目指す強い気持ちが徹夫にあるというわけではありません。

T　徹夫は、補欠の子も出してあげるよう勧めてくる吉岡君の父親に対して、どのように接しているだろうか？

S　直接はうなずいただけだったけれど、お父さんに電話で頼まれていた補欠の山本君を出場させた。

そのうえで、徹夫はなぜ智の父親として自分を許せなかったのかを問います。

T　徹夫はなぜ父親としての自分を許せないと思ったのだろうか？

S　智が6年間一生懸命頑張って練習してきたのに、最後まで試合に出すことができなかったから。

S　はじめは智をベンチ入りさせようとしていたのに、迷った末、試合に勝つために智をベンチから外した。でも結果的にそのために智を試合に出すことができなくなり、自身の優柔不断さに腹が立ったから。

勝ちにこだわることに徹するわけでなく、かといって、温情采配を自分の息子に対してすることもできなかった徹夫の中途半端さを読み取らせます。

このような徹夫の状態を押さえたうえで、重要発問「徹夫の気持ちは、何が原因でどのように変わったのだろうか？」を考えていきます。

まず、徹夫の気持ちは、何が原因で変わったのかを見つけさせます。

T　徹夫の気持ちは何が原因で変わったのだろうか?

S　智の「だって、僕、野球好きだもん」で、肩から重みが消えたので、ここで大きく変わった。

T　徹夫はなぜ智のその言葉で肩の重みが消えたの?

S　智のこの言葉を聞いて、たとえ結果は出せなくても、好きだからがんばることができ

S　るという価値観を知った。
「好き」という「拍子抜けするほど簡単な、理屈にもならない、忘れかけていた言葉」によって、「がんばるのは何かの結果を出すため」という思いから解放された。

この後の第三場面についても読み取りを続けていきます。

T　徹夫はなぜ智と三球勝負をしようとしたのだろうか？
S　智の思いはわかったけれど、それでも最後に、智に「がんばればいいことがある」という思いをもたせようと三球勝負をした。
T　土手に来ていた典子の姿から、徹夫は何を感じたのだろうか？
S　典子が土手で見ていることを知り、典子が実は不安な思いを抱えていることを感じ、支えてあげたいと思った。
T　徹夫の「家族みんなで、ホームインしよう」という思いの意味は何だろう？
S　智の姿や、典子の姿を見て、家族に何かあっても、父親として受け止めてあげようという気持ちになった。

③第4時の授業展開例

本時は、単元の中心発問である「徹夫は典子に何を話すつもりだろうか?」について考えていきます。

徹夫は典子の思いを想像したうえで、今なら何かを話してやれるかもしれないと考えています。まず、土手に訪れていた典子の思いを考えさせます。

T　典子はどんな思いで土手に来ていたのだろうか?

S　典子は模試をさぼって遊んでいたけれど、一緒に遊ぶ相手がいなくて、退屈したので弟の野球の試合を見に来た。

S　ただ退屈したのなら、家に帰って自分の好きなことをしている方がいいと思う。退屈しのぎなら、弟の他に、最近意見が合わない父親の徹夫や佳枝がいるところに来たら気分が悪くなるので、そういうところには行かないと思う。

S　典子は、徹夫にはがんばっても意味がないと反抗的な態度をとっているけれど、本当はこの先の受験も考えると不安でたまらないと思う。

S 不安なので、家族がいるところのそばに行きたくなったんだと思う。
S 典子は、智がベンチから外されたのを知らないから、智が試合に出るのを見たくて土手に来たのかもしれない。
S 智が試合に出て、がんばればいいこともあるというのを感じたいという願いがあったのかも知れない。
S 試合に出ていなくても、三球勝負をしているところを見て、智の真剣な姿に疑問をもっている。

まず個人で考え、グループで検討してから全体で意見交換していくことで、読みを深めていきます。そのうえで、単元の中心発問を投げかけます。ここでは、典子の応答もあわせて考えさせます。

T **徹夫は典子に何を話すつもりだろうか？**
S 「がんばっても何もいい結果が出ないこともある。でも、自分の好きなことに対してだったらそれでもがんばろうと思うだろう。自分の好きなことが見つかったらがんばればいいよ」と言い、典子は「本当にやりたいことが見つかったらがんばるね」と答える。

S　「努力しても結果が伴わないことはたくさんある。どんなことがあってもお父さんは典子の味方だから心配いらないよ」と言い、典子はきっと無言でうなずくと思う。

S　「夢中になることがあったらがんばればいい」と言っているでしょ。でも、典子は「でも、がんばらなかったら、高校にも行けなくなるでしょ。そうしたら、お父さん世間体悪いでしょ?」とそこでも反論するかもしれない。

S　そうなったら、徹夫はきっと「高校に行くことばかりが大事じゃない。どんな典子でも、お父さんは守れるよ」と言っていると思う。

この発問に関しても、個人で考えさせた後に、グループ、そして全体追究という流れで思考を練っていきます。これまでの読み取りから、徹夫の言葉の基になる思いとしては、好きなことをがんばればいいといったことや、父親として典子を守りたいといったことが出されることを期待します。

第 8 章
走れメロス

1　教材解釈と単元構想

①単元の中心発問につながる教材解釈

メロスは、妹の結婚式のための買い物に来たシラクスで、暴君ディオニスと交わした、人の心に「信実」のあることを証明する約束を果たすために、親友セリヌンティウスを人質として差し出し、三日間で妹の結婚式をあげ、再びシラクスに戻ってきます。途中様々な困難に出会いながらも、約束を果たそうと走るメロスの姿に心躍らせて読む生徒は多くいます。けれども、一方で、妹の結婚式のために買った花嫁衣装やごちそうを背負ったままでディオニスの控える王城に入っていくメロスの姿に違和感を覚える生徒もいるでしょう。また、感動的な結末の場面で、少女に緋のマントを捧げられ、赤面するメロスの「勇者」には似つかわしくない姿に滑稽さを感じる生徒もいるでしょう。

第8章
走れメロス

本教材では、テンポのよいストーリーに乗って、悪者の王様を勇気のあるメロスが改心させるというエンターテインメントを楽しむことができます。しかし、それだけでは、中学2年の教材の扱いとしては、意味はありません。本教材では、先ほどあげたように、教材文の展開や設定等において、読者が構築したい「メロス＝勇者」というイメージと合致することを拒否するような描写がところどころにあります。それぞれの場面を注意深く読んでいくことを通して、単なる「正義の味方」ではないメロスの人物設定をつかみ、ひいてはメロスを通して、人のもつ本質を読み取ることが可能となります。

さらに、本教材を読んでいると、メロスは単なる「正義の味方」ではなく、かえって不完全なところがあるからこそ、余計にメロスに魅力を感じていきます。それは、本教材の特徴的な「語り」に因るところが大きいのです。

例えば、メロスが山賊を倒した後、疲労困憊して動けなくなる場面で語り手は「真の勇者メロスよ。今、ここで疲れ切って動けなくなるとは情けない」と述べています。メロスの独白とも読めますが、語り手からメロスに対してかけている言葉のようにも読めます。本教材での語り手は、基本的に、メロスとディオニスの心の中に入り込み、思っていることを語っています。生徒が小学校で学習した『ごんぎつね』『海のいのち』といった教材と同じ方法です。ただそれらの教材での語り手は、登場人物に向けて言葉を発することはありません。一方、本教材では、読者は語り手の述べていることに客観性があると思って読んでいきますが、いつのまにか語り手はいわば「メロス劇場」の観客の1人となっていきます。そうなると、読者も語り手とともにメロスを応援したい気持ちになっていきます。

さらに「私は信じられている。私の命なぞは問題ではない」のような記述は、メロスが一人称で語っているのですが、その前後には、「メロスは『私は信じられている。私の命なぞは問題ではない』と言った」のようなかぎ括弧はなく、登場人物の発した言葉と語り手の言葉とを区別する境界がないところが複数あります。それまでは「メロスは…」と語たものがいつの間にか「私は…」のようになり、語り手がメロスと一体になっている箇所が複数あります。ここでは読者は語り手とともにメロスと一体になるので、メロスの気持ちが直接響き、メロスへの共感を呼んでいきます。本教材での語り手の立ち位置は、登場人物や出来事に対して客観性が薄いということが言えるわけです。

したがって、本教材を読み取るためにはまずストーリー展開を把握したうえで、語りのしかけを意識しつつ、登場人物の行動や設定を相対化し、そのうえでその意味を考え、批評していくことが必要になります。

②単元構想と発問

第1時間目では、まず教材文を通読し、展開の概要を押さえます。本教材は、登場人物が少なく、村に行って戻ってくるといったシンプルなストーリーですので、およその内容の理解には時間はかかりません。場面分けでは、主にメロスがいる場所で場面を4つに分け、それぞれの場面でのストーリーの確認をします。次に、感想を交流します。メロスがかっこいいと思ったという感想をもつ生徒はある程度いるので、重要発問を投げかけ、考えを揺さぶります。

重要発問

「メロスはかっこいい『勇者』と言えるのだろうか？」

この発問に対して、肯定する立場の生徒に切り返し発問を投げかけます。

切り返し発問

「少女の登場にはどんな意味があるのだろうか？」

結末でのメロスの姿から、メロスはかっこいい勇者とは少し違うのではないかという思いをもたせます。そのうえで、さらに切り返し発問を投げかけます。

切り返し発問

「『走れメロス』では、語り手はどんなポジションをとっているだろうか？」

「真の勇者、メロスよ。今、ここで疲れ切って動けなくなるとは情けない」はだれがだれに向かって述べている言葉なのか、「私は信じられている。私の命なぞは問題ではない」はだれの言葉なのか等を検討し、語り手が登場人物に密着し、時に物語に入っていることに気づかせます。そして、このような箇所を一般的な三人称での語りと比較させ、語り手の態度が読者の読みに大きな影響を与えていることに注意することを意識づけます。

これらの学習活動を通し、授業の終末に、以下の中心発問を投げかけます。

中心発問

「『走れメロス』の正体を解き明かそう」

教材文のところどころにある、メロスをかっこいい勇者だと捉えにくい叙述や、メロスとの距離を意図的に変える語り手の存在等の意味について追究していくことを単元の学習課題とします。

第2時間目から第5時間目までは、それぞれの場面ごとに、登場人物の設定や、言動の意味について考えていきます。

第一場面では、メロス、ディオニス、セリヌンティウスの人物設定を押さえ、第二場面では、妹の結婚式の意味を考えさせます。妹の結婚式の祝宴の際、「一生このままここにいたい」とメロスに思わせることは、どんな意味があるのか等の話題を話し合わせます。

第三場面では、メロスが山賊を倒した後の長い独白の意味について、メロスを救った清水の役割等について話し合わせます。

第四場面では、これまでの学習を踏まえて、『走れメロス』の正体は何か、つまり、この教材文は人間の何を表しているのかについて考えさせます。

これらの活動を通し、生徒は、『走れメロス』では、単にかっこいい勇者が描かれているのではなく、みっともないような姿も描くことで人間の本質を表そうとしていることを理解させます。それを踏まえて、第6時間目では、自分の考えをもたせ、交流し合い、人間の本質に対してもう一段階深く考えさせます。

③発問で見る単元の見取図

中心発問

『走れメロス』の正体を解き明かそう。

凡例

中心発問につながる重要発問

補助発問・切り返し発問

第一場面

王城でのメロス

①殺そうと思った王に捕まったメロスは友人を人質にし、三日後に戻り信実を示すことを約束する。

メロス、ディオニス、セリヌンティウスは何者なのだろうか?

ディオニスはメロスと対比関係にあると言えるのだろうか?

セリヌンティウスの存在の意味は何だろうか?

場面

メロス

②メロスは村に戻り、妹の結婚式をあげる。

妹の結婚式の場面は必要なのだろう

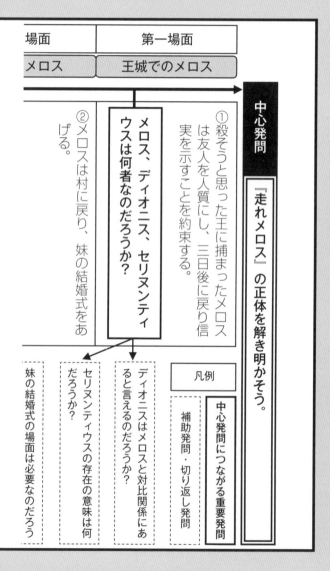

第二…
村での…

妹の結婚式にはどんな意味があるのだろうか？

か？

祝宴の際のメロスの姿にはどんな意味があるのだろうか？

第三場面
村から王城に向かうメロス

③メロスは激流を越え、山賊と戦い、村から王城に向けて走る。

数々の困難のもつ意味は何だろうか？

メロスの長い言い訳のもつ意味は何だろうか？

「もっと恐ろしく大きいもの」とは何だろうか？

「水」「太陽」「眠り」にはどのような意味があるのだろうか？

第四場面
王城に戻ったメロス

④メロスは王城に戻り、友人を救い王の心を変える。

メロスはかっこいい「勇者」と言えるのだろうか？

少女の登場にはどんな意味があるのだろうか？

『走れメロス』では、語り手はどんなポジションをとっているのだろうか？

2 発問を位置づけた単元計画

●単元の中心発問
◎単元の中心発問につながる重要発問
○各場面を読むための発問
△補助発問・生徒の反応に対する切り返し発問
・生徒の反応

時	生徒の学習活動	主な発問と反応
1時	1 教材文を通読し、その後、場面分け、あらすじ確認をする。 2 感想を交流する。 3 メロスは格好いい勇者か検討する。 4 語り手の立ち位置を検討する。 5 単元を通した課題をもつ。	・第一場面はメロスが王城にいる所、第二場面は村、第三場面は村からシラクス、第四場面は王城。 ・メロスは友人との約束を果たしてかっこいいと思う。 **◎メロスはかっこいい「勇者」と言えるのだろうか？** ・自分の命を懸けて困難も乗り切っていてかっこいい。 **△少女の登場にはどんな意味があるのだろうか？** ・メロスが全裸であることを示している。でもなぜか、かっこよく感じてしまう。 ・メロスを応援したり、メロスになったりしている。 ・語り手の語り方もメロスの印象に影響しているかも。 **●『走れメロス』の正体を解き明かそう。**

2時

1　本時の学習課題を把握する。
2　第一場面から、メロスの人物設定を読み取る。
3　ディオニスの人物設定を読み取る。
4　メロスとディオニスを比較する。
5　セリヌンティウスの人物設定を読み取る。

◎メロス、ディオニス、セリヌンティウスは何者なのだろうか？
・王の悪事を聞き、すぐに行動するところが勇敢。
・自分の正義感のために友人を巻き込むところが強引で、自己中心的。
・自分の気に入らない人間は殺してしまい、残酷。

△ディオニスはメロスと対比関係にあると言えるのだろうか？
・メロスは人を信じられると言っているが、ディオニスはその反対。
・ディオニスは「疑うのが正当の心構えなのだと、わしに教えてくれたのは、おまえたちだ」とあるし、「平和を望んでいる」ともあるので、ディオニスも元は人を信じたいと思っているので、表れている姿は反対だけど、大事にしたい価値は人を信じることで同じ。

△セリヌンティウスの存在の意味は何だろうか？
・人質になるにもかかわらず「無言でうなずき、メロスをひしと抱き締めた」とあるのでメロスととても仲がよく、メロスを信じている。
・友人のありがたみを表している。

3時	
1　本時の学習課題を把握する。 2　妹の結婚式の場面の必要性を検討する。 3　学習のまとめをする。	◎**妹の結婚式にはどんな意味があるのだろうか？** △**妹の結婚式の場面は必要なのだろうか？** ・もし、結婚式の場面がないと、メロスの人間らしさが表れているところが減ってしまうので必要。 ・心の準備ができていない花婿に結婚を承諾させているところが、セリヌンティウスを人質にしたときと同じように自分勝手。メロスは完璧なヒーローではないことを印象づけるために必要。 △**祝宴の際のメロスの姿にはどんな意味があるのだろうか？** ・王との約束があるのに、祝宴が盛り上がってきたときに「一生このままここにいたい」とあるので、その場の雰囲気に流されやすいメロスの姿を表す意味がある。 ・「未練の情」という言葉があるので、妹と別れることが辛いと思うメロスの弱さが表れている。 ・「お前の兄は、たぶん偉い男」や「メロスの弟になったことをほこってくれ」には、メロスがナルシストであることが表れている。 ・妹の結婚式の場面を描くことには、メロスの弱い面を伝えるという意味がある。

4時

1 第三場面の出来事を確認する。

2 本時の学習課題を把握する。

3 メロスの言い訳の意味を考え合う。

4 「もっと恐ろしく大きいもの」とは何か話し合う。

5 水や太陽、眠りの意味を話し合う。

・メロスが激流を渡った。
・山賊と戦った。
・水を飲んで元気が出て、全力で走った。

◎数々の困難のもつ意味は何だろうか？

・メロスが大変なことを成し遂げたことを表している。

△メロスの長い言い訳のもつ意味は何だろうか？

・がんばったのだから、結果が伴わなくても仕方がないということを述べ、メロスの弱さを表している。
・「悪徳者として生き延びてやろうか」とあるので、信実を信条とする態度から離れている。

△「もっと恐ろしく大きいもの」とは何だろうか？

・命よりも大切な正義。

△「水」「太陽」「眠り」にはどのような意味があるのだろうか？

・水は激流になってメロスを襲う場合もあるし、清水となってメロスの命を救う場合もある。
・太陽は、メロスの体力を奪うものでもあるし、走るメロスに気力を奮い立たせるものでもある。
・眠りはメロスの体力を回復させるものであり、そのことでメロスに人間らしさを与えている。

5時

1 本時の学習課題を確認する。

2 第四場面でのメロスの姿の意味を話し合う。

3 ディオニスの存在の意味を話し合う。

4 セリヌンティウスの存在の意味を話し合う。

5 教材文全体を通して、登場人物の言動の意味を話し合う。

6 語り方の効果について話し合う。

7 本時のまとめをする。

●**『走れメロス』の正体を解き明かそう。**

・セリヌンティウスが縄を解かれた後、自分を殴るように言っているので、人を信じることこそが大切ということを表している。

・「信実とは、決して空虚な妄想ではなかった」と言っているので、王もメロス同様信実を大切に思っている。

・セリヌンティウスも疑ったことがあることを告白しているので、人の弱さを表している。

・メロスは信実を重んじるという大切な心をもっているが、一方で正しいと思うことに対しては、他の人の立場を無視する行動が見られる。

・メロスは困難に対しては言い訳を言い、疲労は、眠り、あるいは清水によって回復させている。自然のもつ力の大きさがわかる。

・メロスを見守っていたり、応援したりしている箇所があるので、読み手も一緒に応援したくなる。

・いつの間にかメロスの心の中に入って「私は」という言い方になっているので、読み手はメロスの気持ちがすごく近く感じる。

・人間の様々な姿が凝縮されている作品だった。

6時

1　本時の学習課題を確認する。
2　『走れメロス』の批評文を書き、交流する。
3　学習のまとめをする。

・『走れメロス』の批評文を書くんだな。
・「登場人物の姿→そこから見える人物像→分析結果に対する考え」の順でノートに書く。
・「特徴的な語り→語りの効果→自身の考え」の順でノートに書く。
・メロスは王との約束を守るため、懸命に走ったことから、誠実な人だと思う。こういった誠実さは自分も大切にしたい。
・メロスは、かっこいいところもある反面、途中で走るのが嫌になったり、言い訳をしたりして、とても人間らしいと思う。人間らしさに好感がもてる。
・ディオニスは、はじめはメロスを疑っていたが最後はメロスの仲間になりたいと言っている。信じることを大切にしたいという人物像は一貫していた。
・語り手がメロスを応援している箇所があり、自分も応援したくなった。語りによって、作品の印象は大きく変わる。
・メロスはいろいろな面をもっていることがわかった。語り方も特徴的だった。

3　授業展開例

①第3時の授業展開例

本時は、重要発問「妹の結婚式にはどんな意味があるのだろうか？」を投げかけ、妹の結婚式の意味について学習していきます。

シラーの『人質』（太宰治が『走れメロス』を書く際のベースとした詩）にはない結婚式の場面は、『走れメロス』にとって必要であるからこそ盛り込まれています。その意図は、次のような発問と展開で、生徒が結婚の場面があるときとないときとを比べることによって考えることができます。

T　妹の結婚式の場面は必要なのだろうか？

S　もし結婚の場面がないと、メロスの人間らしさが表れているところが減ってしまうので必要。

S　心の準備ができていない婿に結婚を承諾させているところが、セリヌンティウスを人質にしたときと同じように、自分勝手。メロスは完璧なヒーローではないことを印象づけるために必要。

S　婿はメロスに明日結婚式をあげるよう頼まれた際に、「ぶどうの季節まで待ってくれ」と答えている。メロスはシラクスに出かけたときに結婚式のごちそうまで買っている。食料品はあまり日持ちしないので、メロスは婿に結婚式をいつあげる予定か聞かずにシラクスに行って買い物したということがわかる。結婚の場面を入れることで、メロスの自分勝手な姿を描こうとしている。

結婚の場面をあえて入れることによって、メロスの自己中心的な姿を描こうとしていることをつかませたところで、さらに詳しく考えていきます。

T　祝宴の際のメロスの姿にはどんな意味があるのだろうか？

S　王との約束があるのに、メロスは祝宴が盛り上がってきたときに「一生このままここにいたい」と思っているので、その場の雰囲気に流されやすいメロスの姿を表す意味がある。

S　「未練の情」という言葉があるので、妹と別れることが辛いと思う、メロスの弱さが表れている。

S　「お前の兄は、たぶん偉い男」や「メロスの弟になったことをほこってくれ」には、メロスがナルシストであることが表れている。

婿に明日結婚式をしてほしいと頼むメロスからは、自らの正義感による自己中心的な姿が読み取れたのですが、祝宴の際のメロスは、楽しい雰囲気に流されそうになったり、妹と別れることに対して未練の情を抱いたりします。

これらは、メロスの心の弱い部分を描いていると言えます。そこで、もう少し突っ込んでこの場面の意味を考えさせます。

T　このようなメロスの姿が描かれた意味をまとめよう。

S　妹の結婚式の場面を描くことには、メロスの弱い面を伝えるという意味がある。
S　メロスが簡単に王との約束を果たしたストーリーにするよりも、弱い心に誘われそうになる姿を入れることで、信実を貫くことは大変だということを強調できる。
S　メロスは村に帰ってきたときに疲れて眠り、祝宴のあとも眠って回復していて、ヒーローの姿を描くだけならそういうシーンはいらないのにあえて入れているので、メロスの弱い心も含めて、人間らしい姿を描くという意味がある。

この場面では、メロスの自分勝手な部分や弱い部分が描かれています。その姿を目にしたときに、メロスを批判していってしまうのではなく、なぜそのような姿があえて描かれているのかを考えさせましょう。

②第4時の授業展開例

本時はまず、第三場面で起こった出来事を確認します。

T　第三場面ではどのようなことが起こっただろうか？
S　メロスが激流を渡った。
S　山賊と戦った。
S　その後体力を使い果たし、倒れてしまったが、水を飲んで元気が出て、全力で走った。

出来事を確認したら、学習課題として、重要発問を投げかけます。

T　**数々の困難のもつ意味は何だろうか？**
S　信実を貫くことの大変さを表している。
S　メロスが大変なことを成し遂げたことを表している。

大まかな捉えをさせた後に、焦点を絞って考えさせていきます。

メロスは山賊を倒した後、疲れ切って動くことができなくなります。そこから、長い独白が始まります。まず、この部分の意味について考えていきます。

T　メロスの長い言い訳のもつ意味は何だろうか?

S　「信じてくれ! 私は急ぎに急いでここまで来たのだ」とあって、がんばったのだから、結果が伴わなくても仕方がないということを述べ、メロスの弱さを表している。

S　「悪徳者として生き延びてやろうか」とあるので、最後は、信実を信条とする態度から離れている。ここも、メロスの弱さを表している。

S　言い訳を述べるところのはじめに「身体疲労すれば、精神も共にやられる」とあるので、体力がなくなってしまえば、どうしようもなくなるということを表している。

メロスはこの後、清水を飲むことで疲労を回復させ、再び走り出すことができます。

フィロストラトスとのやりとりの中で、メロスは「もっと恐ろしく大きいもののために走っているのだ」と言っています。刑場に入る直前には「訳のわからぬ大きな力」に引きずられて走ります。この言葉を超えた力は何か、生徒に問います。

T 「もっと恐ろしく大きいもの」とは何だろうか?

S 「人の命も問題でないのだ」とメロスはフィロストラトスに言っているので、命よりも大切な「信実」。

S フィロストラトスが、刑場のセリヌンティウスはメロスが来ることに対して「強い信念をもち続けている様子」と言ったときに、メロスは「それだから、走るのだ。信じられているから走るのだ」と答えている。だから、信頼に応えるために走っていると言えるので、信頼に対して誠実に応えることが、恐ろしく大きいものだと思う。

S メロスを待っているセリヌンティウスの、メロスを信じる気持ちが強かったので、人を信じる気持ちがもっと恐ろしく大きいものだと思う。「訳のわからぬ大きな力に引きずられて」というところを「セリヌンティウスのメロスを信じる心に引きずられて」にするとぴったりくる。

この場面では、うとうとしたメロスが清水によって疲労回復します。また、沈みゆく太陽が細かく描写されているので、それぞれの意味についても扱いたいところです。

T 「水」「太陽」「眠り」にはどのような意味があるのだろうか?
S 水は激流になってメロスを襲う場合もあり、清水となってメロスの命を救う場合もある。
S 太陽はメロスの体力を奪うものであり、「斜陽は赤い光を木々の葉に投じ、葉も枝も燃えるばかりに輝いている」のように、メロスに気力を奮い立たせるものでもある。
S 眠りは第二場面にも出てくるけれど、メロスの体力を回復させ、そのことでメロスに人間らしさを与えている。

本時に扱う課題はそれぞれしっかり考えさせたいものです。この展開例では順に考えていく流れで示していますが、「長い言い訳の意味」「もっと恐ろしく大きいものとは何か」『水』『太陽』『眠り』にはどのような意味があるか」のそれぞれの課題を生徒に選ばせ、追究した後、発表・検討という流れにすると、選択した課題をじっくり考えられます。

③第5時の授業展開例

本時は、学習課題として中心発問を据えて、『走れメロス』に描かれている人物や言動の意味や語りの効果について考えていきます。

T **『走れメロス』の正体を解き明かそう。**

まず、第四場面でのメロスの姿の意味について考えていきます。

T 第四場面でのメロスの姿は何を意味しているだろうか?

S セリヌンティウスが縄を解かれた後、すぐに、自分を殴るように言っているので、人を信じることこそが大切ということを表している。

S ここでのメロスは、セリヌンティウスと頬を殴り合ったりするなど感動的な姿だが、全裸の状態でそういったことをしていて、かっこよく終わりきれていない。このことから、かっこいい面もそうではない面も両方が人にはあることが示されている。

続いて、第四場面での、ディオニスとセリヌンティウスの意味を考えていきます。

S　「信実とは、決して空虚な妄想ではなかった」と言っているので、王もメロス同様信実を大切に思っている。
S　セリヌンティウスも疑ったことがあることを告白しているので、人の弱さを表している。

そして、作品全体を通して、登場人物の言動の意味について意見交換していきます。

T　文章全体を通して、登場人物たちの行動や言っていることにはどんな意味があったのかをまとめましょう。
S　メロスは信実を重んじるという大切な心をもっているが、一方で正しいと思うことに対しては、他の人の立場を無視する行動が見られる。人は自分の正しいと思うことを行う中で、他の人を犠牲にすることがあるという意味がある。
S　メロスは、楽しいことがあれば流されそうになり、困難に対しては言い訳を言っている。どんな人でも、弱さがあるという意味が感じられる。

S　メロスは、眠り、あるいは清水によって疲労を回復させている。身体の力や自然のもつ力の大きさがわかる。

S　メロスに緋のマントをささげた少女が「メロスの裸体を皆に見られるのが、たまらなく悔しい」のは、憧れの人にはかっこよくいてほしいという思いからだと思う。人は見られたくないことは隠そうとするという意味がある。

語りの効果についても考えさせ、『走れメロス』の正体を端的にまとめます。

S　メロスを見守っていたり、応援したりしている箇所があるので、読み手も一緒に応援したくなる。

S　いつの間にかメロスの心の中に入って「私は」という言い方になっているので、読み手はメロスの気持ちがすごく近く感じる。

S　この作品には、主にメロスの姿を通して、人間の様々な姿が凝縮されている。

S　人間は弱いものだけれど、信じられることは人を強くするということがわかる。

第9章 握手

1　教材解釈と単元構想

①単元の中心発問につながる教材解釈

本教材の大きな特徴として、３つのことがあげられます。

１つめは、物語の中での時間設定です。

物語全体の時間設定としては、上野の西洋料理店でわたしとルロイ修道士が再会した第一場面、わたしがルロイ修道士を上野駅に送って行く第二場面、一年後の第三場面の大きく3つに分けられます。この中で、第一場面と第三場面では、物語の中の現在と過去の往復がなされています。特に第一場面は、ルロイ修道士と再会したわたしが過去を回想する箇所として、「べからず集」を思い出す箇所、わたしが天使園に収容された箇所、ルロイ修道士が戦時中に左手を潰された箇所、ルロイ修道士が野菜づくりをする箇所、わたしが東京に行き、ぶたれた箇所、上川一雄君の思い出を語る箇所といくつも出てきます。過去の回想は、限定された時間ではなく、戦争中のことにまでさかのぼる箇所もあります。第三場面も、短い場面ですが、現在と、ルロイ修道士と再会した一年前が示されます。読者は第三場面を読み、第三場面のときの語り手の位置が本当の現在で、すべて過去を振り返っているということがわかります。

また、第三場面で、「上野公園の葉桜が終わる頃、ルロイ修道士は仙台の修道院でなくなった」という叙述は、第一場面の「桜の花はもうとうに散って、葉桜にはまだ間があって」という叙述と響き合っています。ルロイ修道士は第一場面でわたしと再会した後、間もなく亡くなったということがここでわかります。読者は、今読んでいる箇所が、現在なのか、過去なのかを正確に把握して読み進めることが求められ、またなぜ過去との往復をなされているのかを意味づけすることが必要となります。

2つめは、握手も含めた指言葉です。

本教材では指言葉が頻出します。まず、タイトルでもある「握手」で、握手は3回登場します。はじめは、わたしが天使園に収容された際の「万力よりも強く、しかも腕を勢いよく上下させる」握手です。2回目は、ルロイ修道士とわたしが再会した際の「実に穏やかな」握手、3回目はわたしからルロイ修道士の手を「しっかりと握った」「腕を上下に激しく振った」握手です。指言葉は「右の人さし指をぴんと立てる」「右の親指をぴんと立てる」「両手の人さし指をせわしく交差させ、打ちつける」といったものが描かれます。これらは過去の思い出を語り出すきっかけになっています。握手や指言葉は、ルロイ修道士の人物像を描くとともに、ルロイ修道士のたくましく温かな過去の姿と、現在の体は病に侵されても人を大切にする姿を読み取るための指標としての役割を果たしています。

握手や指言葉には、それぞれの際の心情が説明されていないものも多くあります。このことと関連する3つめの特徴が、「わたしの心の中」です。終末のルロイ修道士の葬式の場面、わたしは「知らぬ間に、両手の人さし指を交差させ、せわしく打ちつけ」ます。ここにはわたしの心情は説明されていません。指言葉の意味は「お前は悪い子だ」ですが、だれが悪い子なのかは説明されていません。過去と現在の比較、指言葉や握手の意味を押さえたうえで、中心発問として**「わたしにとって、ルロイ修道士はどのような存在だったのだろうか?」**を設定することにより、終末の場面でのわたしの指言葉を入り口にして、わたしにとってのルロイ修道士の意味を考えさせます。このことを検討することにより、本教材のテーマを描くことにもつながります。

②単元構想と発問

1時間目には、教材文を一読させ、感想を出し合います。生徒の感想を受け、「わたしにとって、ルロイ修道士はどのような存在だったのだろうか？」という中心発問を投げかけます。生徒からは、わたしの恩人、わたしに正しい生き方を教えてくれた人、といった意見が出されます。ただ、まだ初読の段階なので、生徒にとっては、それらは具体的にどの叙述から考えたかというよりも、全体的な印象として、「ルロイ修道士はわたしの恩人」と位置づけたに過ぎないでしょう。そこで、過去と現在が入れ替わる書き方や、握手や指言葉が頻出していることも、わたしがルロイ修道士をどのように意味づけているかを表現するためであることを生徒に伝え、ルロイ修道士とは、語り手であるわたしにとってどのような人物だったかということを詳しく追究していくことを説明します。そして、1時間目では、この後、教材文を、大きな時間と場所の変化にしたがって、3つに分けていきます。

2時間目では、大まかに構造と内容の把握をしていきます。本時は、時間の流れの整理と、指言葉・握手の意味の整理を行うことをはじめに示し、授業のゴールへの見通しをもたせます。まず、物語の時間の流れを押さえます。続いて重要発問を投げかけます。

重要発問

「2つの時間を示すことには、どのような意味があるのだろうか？」

この発問で、2つの時間を示すことでルロイ修道士の変化や変わっていない点が描き出されていることを押さえます。

3時間目は、いずれも短い第二場面と第三場面を扱い、教材文に描かれているものの見方を捉えていく解釈の授業を行います。学習課題を「第二、三場面でのわたしの思いを読み取ろう」として、次の発問を投げかけます。

「わたしはどのような思いで指言葉を送り、最後の握手をしたのだろうか？」

ルロイ修道士とかかわる最後の場面です。まず、わたしとルロイ修道士が最後に交わした言葉を取り出し、状況を確認します。次に、わたしはどんな思いで、ルロイ修道士に、「わかった」「よし」「最高だ」の意味の、右の親指を立てる指言葉を示したのかについて考えさせます。そして、その後ルロイ修道士の手をしっかり握り、腕を上下に激しく振る握手にどのような思いを込めたのかを考えさせます。

「葬式でわたしはどんな思いで両手の人さし指を交差させ、せわしく打ちつけていたのだろうか？」

ここでは、まず葬式のときのわたしの思いの大きな原因となる、わたしが西洋料理店でルロイ修道士と話した内容を想起させます。そのうえで、両手の人さし指を交差させ、せわしく打ちつけていたわたしの気持ちを考えさせていきます。ここでのわたしの気持ちには、多様な考えが出されます。十分に時間を取り、様々な考えに触れさせたいところです。

ここまでの学習を踏まえて、4時間目は、中心発問について考えていきます。

中心発問

「わたしにとって、ルロイ修道士はどのような存在だったのだろうか？」

このことを読み取るとともに、わたしやルロイ修道士に対して生徒が思うことも話せる時間を取り、小説から得た価値についても自覚、共有していきます。

③発問で見る単元の見取図

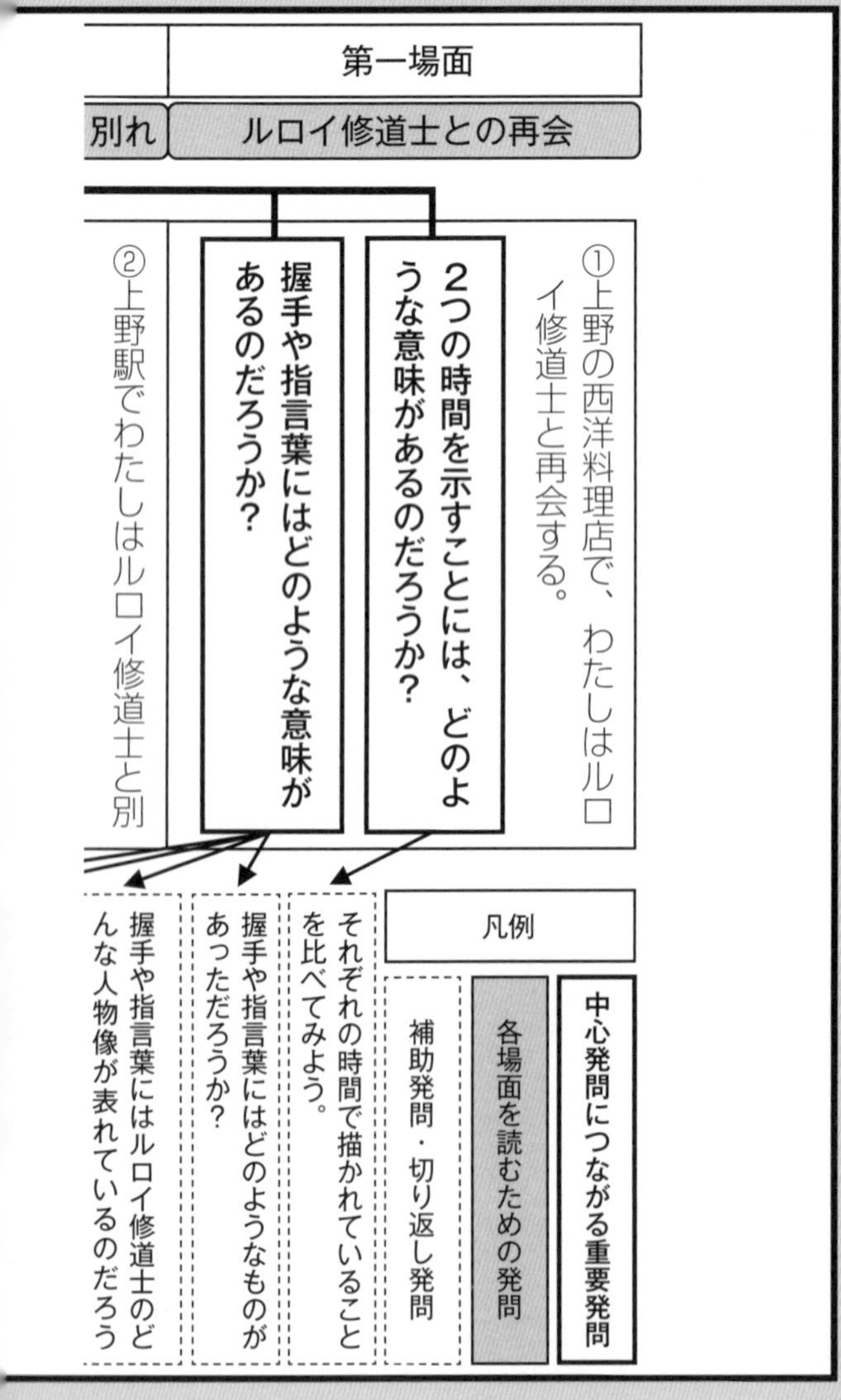

第一場面
ルロイ修道士との再会
別れ
①上野の西洋料理店で、わたしはルロイ修道士と再会する。
2つの時間を示すことには、どのような意味があるのだろうか？
握手や指言葉にはどのような意味があるのだろうか？
②上野駅でわたしはルロイ修道士と別
凡例
中心発問につながる重要発問
各場面を読むための発問
補助発問・切り返し発問
それぞれの時間で描かれていることを比べてみよう。
握手や指言葉にはどのようなものがあっただろうか？
握手や指言葉にはルロイ修道士のどんな人物像が表れているのだろう

第三場面	第二場面
一年後	ルロイ修道士との

中心発問

わたしにとって、ルロイ修道士はどのような存在だったのだろうか？

れる。

わたしはどのような思いで指言葉を送り、最後の握手をしたのだろうか？

③一年後、わたしはルロイ修道士の葬儀のことを思い出している。

葬式でわたしはどんな思いで両手の人さし指を交差させ、せわしく打ちつけていたのだろうか？

か？

今と昔の指言葉を比べてみよう。

指言葉や握手が登場すると、物語はどう展開しているだろうか？

右の親指を立てるのはどんな意味があるだろうか？

わたしはどのような握手をしただろうか？

両手の人さし指を交差させる指言葉には、どんな意味があっただろうか？

わたしの思いはだれに対してのものなのだろうか？

2 発問を位置づけた単元計画

●単元の中心発問
◎単元の中心発問につながる重要発問
○各場面を読むための発問
△補助発問・生徒の反応に対する切り返し発問
・生徒の反応

時	生徒の学習活動	主な発問と反応
1時	1 教材文を通読する。 2 教材文を読んだ感想を述べ合う。	・たくさん指言葉が出てきたり、タイプの違う握手が出てきたりした。それぞれの意味をもう少し考えてみたいと思う。 ・時間が、現在になったり、過去になったり、いろいろと変わっていて、注意して読まないといつのことを語っているのかわからなくなった。 ・ルロイ修道士は、自分が腫瘍に冒されていても、預かった人たちのことを心配していて、優しいと思う。亡くなってしまい、かわいそうだった。 ・ルロイ修道士はわたしに最後何を伝えたかったのか。

3 ルロイ修道士はわたしにとってどのような存在だったのか話し合う。

4 物語の時間が過去と現在を行き来していること、指言葉や握手があちこちに使われていることと関連づけ、学習課題を設定する。

5 物語を、時間と場所の変化に従い、3つに分ける。

・わたしにとって、ルロイ修道士は正しいことを教えてくれた人だった。
・ルロイ修道士は、わたしにとってかなり怖いけれども、育ての親となってくれた人。
・ルロイ修道士はわたしの恩人。

●わたしにとって、ルロイ修道士はどのような存在だったのだろうか？

・過去と現在でのルロイ修道士の様子を比べていくと、きっとルロイ修道士の人物像がわかるだろう。
・指言葉や握手の意味を読み取っていっても、ルロイ修道士の人物像がわかるだろう。
・ルロイ修道士の人物像がわかったら、それがわたしにどんな影響を及ぼしたのか考えたい。
・第一場面は、上野の西洋料理店で、わたしとルロイ修道士が再会して、思い出話をしているところ。
・第二場面は、上野駅でルロイ修道士と、わたしが別れるところ。
・第三場面は、もうすぐルロイ修道士の一周忌で、ルロイ修道士の葬儀のことを思い出しているところ。

2時	
1　学習課題をつかむ。	・今日の授業は、物語の時間の整理と、指言葉や握手の意味の整理をするんだな。
2　2つの時間を示すことにはどのような意味があるのか検討する。	**◎2つの時間を示すことには、どのような意味があるのだろうか？** **△それぞれの時間で描かれていることを比べてみよう。** ・昔の時間でのルロイ修道士は、力強いけれど、今のルロイ修道士は、弱々しい感じがする。 ・昔も今も変わっていないところもある。
3　握手や指言葉にはどのような意味があるのか検討する。	**◎握手や指言葉にはどのような意味があるのだろうか？** **△握手や指言葉にはルロイ修道士のどんな人物像が表れているのだろうか？** ・昔の握手には、ルロイ修道士の乱暴だけれども、頼りがいのある姿が描かれている。 ・指言葉は、癖と故意に行っているものがあるが、どちらも、ルロイ修道士の正義感の強さや優しい人柄が表れている。
4　時間の変化が指言葉や握手の叙述に連動して描かれている意図を検討する。	**△指言葉や握手が登場すると、物語はどう展開しているだろうか？** ・指言葉や握手が登場すると回想が始まるシーンが多い。

3時

1 学習課題をもつ。

2 わたしがルロイ修道士に送った指言葉と、最後の握手への思いはどのようなものであったか検討する。
・右の親指を立てる意味を取り出す。
・わたしはどのような状況で指言葉を示したのかを踏まえて、わたしの思いを話し合う。

3 わたしの最後の握手の様子を踏まえて、最後の握手に込めた思いを検討する。

・今日は、第二、三場面でのわたしの思いを読み取ることを目指すのだな。

○**わたしはどのような思いで指言葉を送り、最後の握手をしたのだろうか?**

△**右の親指を立てるのはどんな意味があるだろうか?**
・右の親指を立てるのは、「わかった」「よし」「最高だ」という意味がある。
・いとまごいに来ているようなルロイ修道士が、死に対して悲観的に語っていない言葉を聞き少し安心するとともに、ルロイ修道士をわたしなりに励まそうという意味があった。

△**わたしはどのような握手をしただろうか?**
・わたしは、ルロイ修道士の手をとって「しっかりと」握っている。
・それだけでは足りず、「腕を上下に激しく」振っている。
・「腕を上下に激しく振る」のは、わたしが天使園に来たときにルロイ修道士がしたことと同じ。
・自分がルロイ修道士を勇気づけようと思っている。

4

葬式でわたしはどんな思いで両手の人さし指を交差させ、せわしく打ちつけていたのか検討する。

・両手の人さし指を交差させる指言葉の意味を確認する。

・わたしは何に対して、怒っているのかを検討する。

○葬式でわたしはどんな思いで両手の人さし指を交差させ、せわしく打ちつけていたのだろうか？

△両手の人さし指を交差させる指言葉には、どんな意味があっただろうか？

・「危険信号」を示している。

・「お前は悪い子だ」とルロイ修道士がどなっていることを示している。

△わたしの思いはだれに対してのものなのだろうか？

・ルロイ修道士がわたしに会いに来たのは、葉桜にまだ間があるころで、亡くなったのは葉桜が散って間もなくなので、亡くなる直前に会いに来てくれたのに、指言葉と握手をするだけしかできなかった自分に対して、もっと何かできることがあったのではないかと責めている。

・ルロイ修道士に対して責めている。教え子である自分に大病にかかってしまっていることを教えてくれずに、天国に行ってしまったから。

・お世話になったルロイ修道士には長生きしてほしかったのに亡くなってしまい、だれにもぶつけられない。

4時

1 本時の学習課題を確認する。

2 「わたし」やルロイ修道士に対して思うことを述べ合う。

●わたしにとって、ルロイ修道士はどのような存在だったのだろうか？

・中学三年の秋から、高校を卒業するまで自分を育ててくれた親のような存在。
・万力よりも強い握手をし、擦り合わせるとギチギチとなるてのひらをもつ、たくましい存在。
・無断で天使園を抜け出し東京に遊びに行ったわたしを平手打ちにして、一か月間口をきいてくれなかった、厳しい存在。
・戦争中に自分の指を潰されても、日本人のことを憎まず、「一人一人の人間」を大切にする、心が広く、温かな存在。
・わたしは、ルロイ修道士の握手や、食事をしている様子から大きな病気にかかっていることを推測していく。それだけ時が経ってもルロイ修道士のことを慕っていることがわかる。
・ルロイ修道士は、わたしに会って、「困難は分割せよ」と述べている。最後まで教え子のことを思う、心の優しい先生だと思う。

3　授業展開例

①第2時の授業展開例

本時は、教材文の時間の整理と、指言葉や握手の意味の整理を行っていきます。まず、過去と現在を行ったり来たりする展開を捉えていきます。

T　**2つの時間を示すことには、どのような意味があるのだろうか?**

この問いに対して、生徒がすぐに答えを出すことは不可能です。教材文に書かれていることを取り出し、検討する必要があります。

T　過去で描かれていることを見つけましょう。

S　「べからず集」の思い出、わたしが天使園に収容されたこと、ルロイ修道士が戦時中に左の人さし指を潰されたことが書かれている。

S　ルロイ修道士が野菜づくりをしていたこと、わたしが東京に行きぶたれたこと、上川一雄君の思い出。

T　わたしとルロイ修道士が再会したところで書かれていることを見つけよう。

S　わたしがルロイ修道士と西洋料理店で会ったこと、ルロイ修道士がオムレツを食べるふりをしていたこと、日本人を代表したようなわたしの言葉をたしなめたこと、わたしに「困難は分割せよ」の言葉を示したこと。

現在と過去で語られていることを取り出したら、両者を比較させます。

T　それぞれの時間で描かれていることを比べてみよう。

S　過去の出来事には、ルロイ修道士がたくましく、力強いことが書かれているけれど、現在は、ルロイ修道士が弱々しくなっていることが書かれている。

S　過去の場面でも敗戦国の日本の子どものために野菜をつくって鶏を育てているといった人を大切にする姿はあるし、現在でも、天使園で育った子が世の中で一人前の働きをしているのを見るのが楽しいといった、人を大切にする姿は共通している。

このようにして、昔と現在を比較することにより、昔はたくましかったルロイ修道士が、現在では弱々しくなってしまったこと、昔も現在も、一人一人の人を大切にする思いには変わりがないことを押さえたら、握手や指言葉の意味について考えていきます。

T　**握手や指言葉にはどのような意味があるのだろうか？**

ここでも、まず教材文の叙述に目を向けさせます。

T　握手や指言葉にはどのようなものがあっただろうか？
S　握手には、ルロイ修道士がわたしとはじめて会ったときの「万力よりも強く」「腕を勢いよく上下させる」握手、わたしと西洋料理店で再会したときの「実に穏やかな」

握手、わたしとルロイ修道士が別れるときの、わたしからの「腕を上下に激しく振った」握手の3種類がある。

S　指言葉には、「こら」とか「よく聞きなさい」という意味の右の人さし指をぴんと立てるものがある。

S　「わかった」「よし」「最高だ」と言う代わりの右の親指をぴんと立てるものがある。

S　「お前は悪い子だ」となっている意味の両手の人さし指をせわしく交差させ、打ちつけるものがある。

S　「幸運を祈る」「しっかりおやり」という意味の右の人さし指に中指をからめて掲げるものがある。

次に、握手や指言葉にはルロイ修道士のどのような人物像が表れているのかを考えます。

T　握手や指言葉にはルロイ修道士のどんな人物像が表れているのだろうか？

S　指言葉は、怒りを表すものと、相手をほめたり、背中を押したりするものの2つのタイプがある。

S　怒りを表すものも、ルロイ修道士の自己中心的な気持ちではなく、相手が間違ったことを言ったりしたりしたときに、しかる意味があるので、指言葉全体に共通しているのは、ルロイ修道士の、人間を大切にするという姿だと思う。

S　最初の握手は、ルロイ修道士のわたしを激励するという思いだけれど、後の2つとの関連を考えると、3回の握手は、ルロイ修道士の変化を表しているものだと思う。

S　3回目は、ルロイ修道士の人柄というよりも、わたしの心配を表している。

さらに、今と昔の指言葉を比較して、ルロイ修道士の人物像を読み取っていきます。

T　今と昔の指言葉を比べてみよう。

S　「右の親指をぴんと立てる」指言葉は、ルロイ修道士がしていたものだったけれど、今は、わたしがやっていたり、上川一雄君がやったりしている。ルロイ修道士がそれだけ教え子たちに好かれていたということだし、ルロイ修道士の思いが教え子に受け継がれていることを表している。

S　「両手の人さし指をせわしく交差させ、打ちつける」指言葉も、同じように、昔はルロイ修道士が行ったものだけど、最後の場面ではわたしが行っている。ルロイ修道士の存在がわたしの中にあることを示している。

ここまで、内容面で握手や指言葉について考えてきましたが、物語の展開の面からも握手や指言葉について触れます。

T　指言葉や握手が登場すると、物語はどう展開しているだろうか?

S　第一場面で再会したルロイ修道士が大きな手を差し出してきたときに、わたしは天使園に入所したときのことを思い出す。握手や指言葉は、物語の時間を切り替えるためのきっかけになっている。

S　指言葉や握手は、過去と現在を切り替える役割だけではなくて、現在の場面でも過去の場面でも同じ指言葉や握手が登場することが多いので、ルロイ修道士の変化した面や、変化しない面を表している。

③第3時の授業展開例

前時は、物語全体を見て、展開を整理し、指言葉や握手の意味を読み取りました。本時は、第二、三場面を読み、ルロイ修道士に対するわたしの思いを探っていきます。

まず、本時は第二、三場面を読み、わたしのルロイ修道士に対する思いを読み取っていくという活動のゴールを示します。

そのうえで、第二場面について読み取っていきます。

T **わたしはどのような思いで指言葉を送り、最後の握手をしたのだろうか?**

この発問に対する考えをつくっていくために、物語の内容を確認します。

T 右の親指を立てるのはどんな意味があるだろうか?
S 右の親指を立てるのは、ルロイ修道士にとっては、「わかった」「よし」「最高だ」という意味がある。

S　第三場面でのわたしにとっては、いとまごいに来ているようなルロイ修道士が、死に対して悲観的に語っていない言葉を聞き少し安心するとともに、ルロイ修道士をわたしなりに励まそうという意味があった。

わたしの握手の仕方についても確認していきます。

T　わたしはどのような握手をしただろうか?
S　わたしは、ルロイ修道士の手をとって「しっかりと」握っている。
S　それだけでは足りず、「腕を上下に激しく」振っている。
S　「腕を上下に激しく振る」のは、わたしが天使園に来たときにルロイ修道士がしたことと同じ。

ここで改めて、指言葉と最後の握手の意味を問います。

T　**わたしはどのような思いで指言葉を送り、最後の握手をしたのだろうか?**

S　自分がルロイ修道士を勇気づけようと思っている。

S　ルロイ修道士が死を覚悟していることは、死ぬのが怖くないか尋ねたときに、ルロイ修道士が「いたずらを見つかったときにしたように」少し赤くなって頭をかいたところから、ルロイ修道士が少しでも不安な気持ちにならないようにしたいという思いで、「わかった」という意味合いの指言葉を送った。

S　わたしがはじめてルロイ修道士と出会ったときにルロイ修道士は「ただいまから、ここがあなたの家です。もう、なんの心配もいりませんよ」と言って、万力より強く、腕を勢いよく上下させる握手をしている。心配な気持ちでいっぱいだったわたしの不安を、ルロイ修道士は力強い握手で吹き飛ばそうとしてくれた。それが痛かったけれど、わたしの心配は解消されたと思う。同じように、わたしもルロイ修道士に不安があるのなら、取り除いてあげたいと思い、ルロイ修道士が自分にしてくれたような握手をした。

続いて第三場面の読み取りを行います。

T　葬式でわたしはどんな思いで両手の人さし指を交差させ、せわしく打ちつけていたのだろうか？

このことを考えるために、まず、指言葉の意味について確認します。

T　両手の人さし指を交差させる指言葉には、どんな意味があっただろうか？
S　「危険信号」を示している。
S　「お前は悪い子だ」とルロイ修道士がどなっていることを示している。

同じように相手をとがめる指言葉には、「右の人さし指をぴんと立てる」ものもあるのですが、それよりも、両手の人さし指を交差させ、せわしく打ちつける方が、感情の高ぶりは大きいことを確認し、ルロイ修道士の葬儀で両手の人さし指を交差させ、せわしく打ちつけていたわたしの心情を考えていきます。

このときに、次の発問で生徒の思考を焦点化させ、追究させていきます。

T　わたしの思いはだれに対してのものなのだろうか？

S　ルロイ修道士がわたしに会いに来たのは葉桜にまだ間があるころ、亡くなったのは葉桜が散って間もなくなので、亡くなる直前に会いに来てくれたのに、指言葉と握手をするだけしかできなかった自分に対して、もっと何かできることがあったのではないかと責めている。

S　たくさんお世話になったルロイ修道士に、何も恩返しをすることができなかった自分自身を責めている。

S　ルロイ修道士を責めている。教え子である自分に大病にかかってしまっていることを教えてくれずに、天国に行ってしまったから。

S　ルロイ修道士を責めている。自分に恩返しになることをさせてくれる前に亡くなってしまったから。

S　お世話になったルロイ修道士には長生きしてほしかったのに亡くなってしまい、だれにもぶつけられない。

S　ルロイ修道士の信じている神に対して、どうしてあんなすばらしい方を天国に召されたのかという思いをぶつけている。

第10章 形

1　教材解釈と単元構想

①単元の中心発問につながる教材解釈

　コスチュームは、人の印象を決める重要な要素です。本教材の想定される指導時期は、中学3年の1学期です。例えば運動部に所属する生徒たちは、最後の夏の大会を控えた時期です。そんな生徒たちにとって、対戦相手のユニフォームから受ける印象は大きなものです。名前を聞いただけでも気おくれしてしまう強豪チームのユニフォームからは、圧倒的な力を感じます。対外的な活動のある文化部の生徒にとっても、コンクール等に出場する中学校の名前や、その中学校の生徒の所作は影響を受けるものです。

　本教材を読む生徒の多くは、猩々緋をまとった若い侍が初陣を飾り、黒革縅の鎧と南蛮鉄のかぶとをかぶった新兵衛が敵の雑兵に討たれる展開にまずは納得します。

けれども、新兵衛は、武士としての実力がなく、見かけ倒しであったわけではありません。冒頭の一文で、新兵衛は「五畿内中国に聞こえた大豪の士」と書かれています。また、「先駆けしんがりの功名を重ねていた」とあり、武士としての実力がとても高かったということがわかります。

であるにもかかわらず、新兵衛は終末の場面で敵の雑兵に討たれてしまいます。武士としての実力は相当高かったのにもかかわらず、討たれてしまったのはなぜなのでしょう。

そこで、中心発問として**「『形』にはどんな意味があるのだろうか？」**が浮上してきます。語り手は、第一場面冒頭では、新兵衛の武勇高き姿を描きます。その後は、猩々緋や唐冠にかかる修飾語が多くなっていきます。例えば「味方が崩れ立ったとき、激浪の中に立ついわおのように敵勢を支えている猩々緋」や、「嵐のように敵陣に殺到するとき、その先登に輝いている唐冠のかぶと」といったように、猩々緋や唐冠を美化する表現が複数使われています。一方で、第二、三場面で新兵衛がまとう黒革縅の鎧や南蛮鉄のかぶとについての修飾語は一切使われていません。これらのことから、語り手は新兵衛の「形」が如何に力をもっていたのかを示しています。

合戦の場面は、若い侍が先陣を切り、次に新兵衛が敵陣に臨む順に設定されています。

猩々緋を着た侍に突き乱された恨みが、新兵衛に向けられるという流れになっています。このことは、黒革縅をまとった新兵衛にとっては皮肉なことですが、猩々緋や唐冠がどれだけ相手を怖気づかせていたかということを示し、新兵衛の「形」の威光を示す結果となっています。

新兵衛は、若い侍の活躍を目にして「自分の形だけすらこれほどの力を持っている」と、自らの武士としての実力に自信をもっています。けれども、実際に敵と相まみえた際には、勇み立っている相手に対して、平素の二倍の力を振るわなければなりません。そして最後に猩々緋や唐冠を貸したことを後悔します。ようやく彼はいつの間にか自分自身が「形」の威光に安住していたことを自覚します。このような、設定、表現、ストーリーから、やはり「形」は実力以上の印象を与えるという語り手の態度が見えてきます。

原典となった『松山新介の勇将中村新兵衛が事』にはこの後教訓が書かれていますが、「形」にはありません。

冒頭に述べたような時期だからこそ、教材文に描き出されていた「形」の意味を受けて、改めて生徒一人一人に「形」とは何か考えさせたいものです。

②単元構想と発問

第1時間目では、まず、教材を範読した後に、教科書の空き行にしたがって、「若い侍の願いを聞く新兵衛」「活躍する若い侍」「敵に刺される新兵衛」の3つに場面分けを行います。次に、各自で一度通読させてから、感想の交流を行います。

生徒の反応には、「新兵衛は若い侍に猩々緋と唐冠を貸したために、敵に討たれてしまい、かわいそうだ」というものや、「新兵衛は、猩々緋や唐冠などの『形』で守られていたことに最後になってやっと気づくことができたが、遅すぎた」といったように、猩々緋や唐冠といった「形」に対する関心が多くあります。そこで、単元を通した課題として、中心発問を投げかけます。

中心発問

「『形』にはどんな意味があるのだろうか?」

そのうえで、第一場面では新兵衛はどのような設定をされているのか、また、第一場面で語り手は猩々緋や唐冠に対してどのような態度を取っているかを明らかにします。

第2時間目は、第二場面について詳しく読み取っていきます。学習課題として、中心発問につながる重要発問を据えます。

重要発問

「新兵衛は若い侍の活躍からどのようなことを感じているのだろうか？」

重要発問の解決のために、まず次のような、場面を読み取るための発問をして、若い侍の戦いの様子を押さえていきます。

「若い侍の活躍はどのように描かれているだろうか？」

はじめに、若い侍の様子や動作について押さえます。「唐冠のかぶとを朝日に輝かしながら」からは颯爽とした姿が読み取れます。次に、若い侍に対して敵陣が乱れた理由について考えさせます。猩々緋と唐冠から、若い侍を新兵衛だと思い、怖気づいたといった理由が出ます。そのうえで、新兵衛は若い侍の活躍からどのようなことを感じていたのだろうということについて話し合います。

第3時間目は、前半で第三場面の読み取りをし、そのうえで、中心発問について考えていきます。

重要発問

「新兵衛はなぜ猩々緋や唐冠を貸したことを後悔したのだろうか?」

このことを考えるためには、まず場面を読み取るための発問が必要になります。

「敵陣の雑兵が存分に戦っている様子は、どう描かれているだろうか?」

敵陣の雑兵は、新兵衛が黒革縅の鎧と南蛮鉄のかぶとをまとっていたことで恐怖を感じなかったことを読み取らせます。あわせて、新兵衛が知らず知らずのうちに形に頼っていたことも読み取らせていきます。

そのうえで、語り手が描いている「形」とは何かを考えていきます。

そして、教材から感じ取った「形」について、自分の考えをつくり、お互いの考えを聞き合っていきます。

③発問で見る単元の見取図

中心発問

「形」にはどんな意味があるのだろうか？

凡例

- 中心発問につながる重要発問
- 各場面を読むための発問
- 補助発問・切り返し発問

第一場面

若い侍の願いを聞く新兵衛

①大豪の士新兵衛は若い侍に猩々緋と唐冠を貸してほしいと頼まれ受け入れる。

新兵衛はどのような侍だったのだろうか？

語り手は、新兵衛の猩々緋や唐冠をどのように捉えているだろうか？

新兵衛は見かけだけの侍だったのだろうか？

猩々緋や唐冠を修飾する言葉を見つけてみよう。

②新兵衛の猩々緋を着て、唐冠をかぶった若い侍は華々しい活躍をする。

「形だけすら」はどのような意味だ

第二場面	第三場面
活躍する若い侍	敵に刺される新兵衛

新兵衛は若い侍の活躍からどのようなことを感じているのだろうか？

若い侍の活躍はどのように描かれているだろうか？

③新兵衛は、たけり立つ敵の槍に脾腹を貫かれる。

新兵衛はなぜ猩々緋や唐冠を貸したことを後悔したのだろうか？

敵陣の雑兵が存分に戦っている様子は、どう描かれているだろうか？

ろうか？

若い侍の様子や行動はどのように描かれているだろうか？

若い侍に対して、敵陣が乱れたのはなぜだろうか？

新兵衛の心に隙はなかったのだろうか？

新兵衛にとって「形」はどんな意味があったのだろうか？

新兵衛の武具はどのように描かれているだろうか？

なぜ新兵衛が二番槍を務める展開を取っているのだろうか？

2 発問を位置づけた単元計画

●単元の中心発問
◎単元の中心発問につながる重要発問
○各場面を読むための発問
△補助発問・生徒の反応に対する切り返し発問
・生徒の反応

時	生徒の学習活動	主な発問と反応
1時	1 教材文の範読を聞き、場面分けをする。 2 感想を交流する。	・第一場面は、新兵衛がとても強かったことと、若い侍からの猩々緋と唐冠を貸してほしいという願いを聞き入れるところ。 ・第二場面は、新兵衛の猩々緋を着て、唐冠をかぶった若い侍が、戦で活躍するところ。 ・第三場面は、黒革縅の鎧を着て、南蛮鉄のかぶとをかぶった新兵衛が敵に討たれるところ。 ・新兵衛は、若い侍に猩々緋と唐冠を貸したために敵に討たれることになってしまい、かわいそうだ。 ・新兵衛は、猩々緋や唐冠などの「形」で守られていたことに、最後になって気づくことができた。

3 単元を通した学習課題としての中心発問を知る。

4 第一場面から新兵衛はどのような侍だったのかを読み取る。

5 語り手は新兵衛の猩々緋や唐冠をどのように捉えているのかを読み取る。

●「形」にはどんな意味があるのだろうか?

◎新兵衛はどのような侍だったのだろうか?

・「五畿内中国に聞こえた大豪の士」とあるので、とても強い侍。

・「槍中村」と言われていて、名前を知らない人がいないくらい強い。

○語り手は、新兵衛の猩々緋や唐冠をどのように捉えているだろうか?

・「火のような猩々緋の羽織」とあるので、陣羽織は鮮やかな赤色だった。

・「激浪の中に立ついわおのように敵勢を支えている猩々緋」はとても頼もしかった。

・「嵐のように敵陣に殺到するとき、その先登に輝いている唐冠のかぶと」は敵に大きな脅威を与えていた。

・猩々緋や唐冠を修飾する言葉が多い。

・語り手は、猩々緋や唐冠にプラスの意味の修飾語をつけていて、新兵衛にとって「形」となるものの価値の高さを印象づけようとしている。

2時

1 本時の学習課題を把握する。

2 若い侍の活躍はどのように描かれているか読み取る。

3 若い侍に対して敵陣が乱れたのはなぜか検討する。

◎新兵衛は若い侍の活躍からどのようなことを感じているのだろうか？

○若い侍の活躍はどのように描かれているだろうか？

・「唐冠のかぶとを朝日に輝かしながら」とあり、美しくかぶとが朝日に反射している様子を表している。

・「いつものように」とあるので、若い侍は新兵衛の行動をよく見ていて、新兵衛が普段どんなことをどんな順番でこなすのか知っている。新兵衛に憧れていることを描いている。

・「大きく輪乗り」をしていて、新兵衛の形を借りた初陣で張り切っている気持ちを表している。

・「早くも三、四人（中略）突き伏せて」とあるので、短い時間に何人も倒すことができて強いことを表している。

△若い侍に対して、敵陣が乱れたのはなぜだろうか？

・猩々緋の羽織を着て、唐冠のかぶとをかぶっていたので、新兵衛だと思って、恐怖を感じているから。

・朝日でかぶとが輝いて、とても強そうだったから。

・「一気に敵陣に乗り入った」とあって、新兵衛が勢いよく攻め込んできたと思ったから。

4　新兵衛は、若い侍の活躍からどのようなことを感じていたのか話し合う。

・「会心の微笑」と書いてあるので、満足した気持ちで、笑顔を浮かべている。
・「会心の微笑」とあるので、自分が期待した通りになっていて満足している。
・「猩々緋の武者の華々しい武者ぶり」とあって、「我が子のように育てた若い侍」とは書いていないので、自分の猩々緋が活躍していることに満足している。
・新兵衛にとっては、我が子のように育てた若い侍が活躍することよりも、自分が身にまとっている猩々緋が活躍することの方がうれしい気持ちになっている。
・「自分の形だけすらこれほどの力を持っている」の「形だけ」からも、新兵衛は、猩々緋と唐冠の権威に酔っていることがわかる。
・「自分の形だけ」には、他にも意味がある。新兵衛は、自分の武士としての実力にもとても自信をもっていることがわかる。だから、ためらうことなく二番槍で突っ込んだ。

3時

1 本時の学習課題を確認する。

2 敵陣の雑兵が存分に戦っている様子はどう描かれているかについて話し合う。

3 新兵衛の心に隙はなかったかについて話し合う。

◎新兵衛はなぜ猩々緋や唐冠を貸したことを後悔したのだろうか？

○敵陣の雑兵が存分に戦っている様子は、どう描かれているだろうか？

・「びくともしなかった」とあるので、落ち着いている様子がわかる。

・猩々緋に突き乱された恨みを復讐しようとして、「たけり立っていた」とあるので、戦意に満ちていた様子が描かれている。

・「どの雑兵もどの雑兵も十二分の力を新兵衛に対し発揮した」とあるので、次から次に雑兵が襲いかかってきたことがわかる。

△新兵衛の心に隙はなかったのだろうか？

・新兵衛の心に隙はあったと思う。自分が黒革縅の鎧と南蛮鉄のかぶとをかぶっていれば敵は普通の侍だと思ってかかってくるのが当たり前なのに、敵を前にして「いつもとは、勝手が違っている」ことに気がついたと思ってしまうのはおかしいから。

・平素の二倍もの力を振るわなければならないのは、日ごろから猩々緋に頼っていたことの表れ。

4 新兵衛にとって「形」とはどのようなものであったのか話し合う。

5 本教材の内容を踏まえて、「形」にはどんな意味があるのか話し合う。

・新兵衛はもともと強い武士であったが、知らず知らずのうちに、猩々緋や唐冠といった「槍中村」を示す「形」に頼るようになってしまっていた。
・周囲は新兵衛そのものよりも、新兵衛の「形」に影響されるようになってしまっていた。それがわからず、新兵衛の猩々緋と唐冠を借りに来た若い侍に「我らほどの肝魂を持たいではかなわぬことぞ」と言う新兵衛の言葉は悲しく聞こえる。

●**「形」にはどんな意味があるのだろうか？**
・新兵衛が最後に若い侍に猩々緋と唐冠を貸したことを後悔したように、「形」は、自分では気づかないうちに頼っているものなのだろうと思った。
・「形」は、自分の一部ではあり、よく目立つものなのだけれど、本当の自分自身とは違うというのを雑兵に討たれた新兵衛の姿から感じた。
・自分も雑兵と同じように、おそらく他の人の本当の姿ではなく「形」を見ているところもあるだろうと思う。
・自分でまとった「形」に自分がとらわれてしまうこともあることがわかった。

3　授業展開例

①第1時の授業展開例

教材文に生徒が興味をもって入っていけるよう、導入は、現在の生徒が置かれた状況と教材文をつなぐ支援をします。

間もなく、中学校最後の大きな大会。これまでにも多くの練習試合等をこなしてきた中で、強豪チームと対戦したときの気持ちを尋ねます。生徒からは、相手チームがコートに立っただけで緊張した、といった意見が出てきます。ユニフォームを見ただけで弱気になったといった思いも引き出せるでしょう。

その思いを本教材とつなげていきます。「戦国時代、槍の名人がいて、その羽織とかぶとを見ただけで敵は怖気づいてしまう。あるとき、その武士は、いつも身に着けている羽織とかぶとを若い侍に貸し、自分は普通の鎧とかぶとを着て戦場に出ていきます。彼はどうなったでしょう」というように興味をもたせたところで、範読します。

このようにすることで、生徒に教材を読む視点を1つもたせることができます。また、身近なことと教材をつなげることで、あまり国語が好きではない生徒の意識を学習に向けることができます。

範読後は、まず文章中の空き行にしたがって、教材文を3つの場面に分けさせます。

S 第一場面は、新兵衛がとても強かったことと、若い侍からの猩々緋と唐冠を貸してほしいという願いを聞き入れるところ。

S 第二場面は、新兵衛の猩々緋を着て、唐冠をかぶった若い侍が、戦で活躍するところ。

S 第三場面は、黒革縅の鎧を着て、南蛮鉄のかぶとをかぶった新兵衛が敵に討たれるところ。

場面分けの後、必要に応じ生徒に一読させ、感想の交流をします。

S　新兵衛は、若い侍に猩々緋と唐冠を貸したために、敵に討たれることになってしまい、かわいそうだ。

S　新兵衛は、猩々緋や唐冠などの「形」で守られていたことに、最後になって気づくことができた。

生徒からは、新兵衛が猩々緋の羽織などの「形」によって守られていた存在であることへの悲しさ、哀れさといった感想が出されます。そこで、単元を通した課題となる中心発問を設定します。

T　**「形」にはどんな意味があるのだろうか？**

まず、中心発問につながる重要発問を投げかけます。

T　**新兵衛はどのような侍だったのだろうか？**

中には、新兵衛は実力のない見かけ倒しの侍と誤読している生徒もいるので、切り返し発問を投げかけ、読みの確度を高めます。

T　新兵衛は見かけだけの侍だったのだろうか?
S　見かけだけではない。「五畿内中国に聞こえた大豪の士」とあるので、とても強い侍。
S　「槍中村」と言われていて、名前を知らない人がいないくらい強い。

読者が新兵衛の猩々緋の羽織や唐冠のかぶとに抱く印象の背景には、語り手の捉え、描き方もかかわっているので、残った時間は語りの工夫について扱います。

T　語り手は、新兵衛の猩々緋や唐冠をどのように捉えているだろうか?

語り手は、猩々緋や唐冠にプラスの意味の修飾語をつけていて、新兵衛にとって「形」となるものの価値の高さを印象づけようとしていることを意識させます。

②第2時の授業展開例

本時は、第二場面を読み、若い侍の姿とそれに怯える敵陣の侍の姿から、猩々緋の羽織や唐冠のかぶとの「形」がいかに強い影響をもつものかについて解釈していきます。

また、それを「会心の微笑」で見ている新兵衛の姿から、自らもまた「形」により救われていることをまだ自覚していないことを読み取っていきます。

まず、重要発問を投げかけ、本時の学習課題を位置づけます。

T　**新兵衛は若い侍の活躍からどのようなことを感じているのだろうか?**

このことを考えさせていくためには、まず、若い侍の活躍について読み取らせる必要があります。

T　若い侍の活躍はどのように描かれているだろうか?
S　新兵衛の猩々緋を着て、唐冠をかぶって敵を倒している。

T　若い侍の様子や行動はどのように描かれているだろうか?
S　「唐冠のかぶとを朝日に輝かしながら」とあり、かぶとが美しい朝日に反射している様子が描かれていて、よい結果が起こることを暗示している。
S　「いつものように」とあるので、若い侍は新兵衛の行動をよく見ていて、新兵衛が普段どんなことをどんな順番でこなすのか知っている。新兵衛に憧れていることが描かれていると思う。
S　「大きく輪乗り」をしていて、新兵衛の形を借りた初陣で張り切っている気持ちを表している。
S　張り切っている気持ちもあるけれど、新兵衛になりきろうとしている気持ちもある。
S　「早くも三、四人…突き伏せて」とあるので、短い時間に何人も倒すことができて強いことを表している。

このあと、さらに新兵衛の猩々緋の羽織や唐冠のかぶととの「形」の威力について読み取っていきます。

T　若い侍に対して、敵陣が乱れたのはなぜだろうか？
S　猩々緋の羽織を着て、唐冠のかぶとをかぶっていたので、新兵衛だと思って恐怖を感じているから。
T　それはどこからわかりますか？
S　「吹き分けられるように、敵陣の一角が乱れた」とあって、新兵衛が黒革縅を着て、その後攻め込んだときには、「びくともしなかった」と書いてある。だから、敵陣が乱れたのは、新兵衛の猩々緋の羽織、唐冠のかぶとの影響。
S　他にも、朝日でかぶとが輝いていて、とても強そうで圧倒されたから。
S　「一気に敵陣に乗り入った」とあって、猩々緋の羽織を着た新兵衛が勢いよく攻め込んできたと思い、恐怖を感じたから。

猩々緋を着た若い侍が敵陣に攻め込み活躍する様子から、若い侍を躍動させ、敵の侍を怖気づかせる猩々緋の羽織と唐冠のかぶとの威光を読み取らせていきます。

そのうえで、新兵衛自身は、活躍する猩々緋と唐冠に対してどのように思っていたのかを捉えさせていきます。

T　新兵衛は若い侍の活躍からどのようなことを感じているのだろうか？
S　「会心の微笑」と書いてあるので、満足した気持ちで、笑顔を浮かべている。
S　新兵衛が若い侍の活躍を見ている描写には「猩々緋の武者の華々しい武者ぶり」とあって、「我が子のように育てた若い侍」とは書いていないので、自分の猩々緋の羽織が活躍していることに満足している。

さらに、「形だけすら」にかかわる新兵衛の思いに着目させます。

T　「自分の形だけすらこれほどの力を持っている」という表現から、新兵衛はどのような思いをもっているのだろうか？
S　新兵衛は、猩々緋と唐冠の権威に酔っていることがわかる。
S　「自分の形だけ」には、他にも意味がある。新兵衛は、自分の武士としての実力にもとても自信をもっていることがわかる。だから、ためらうことなく二番槍で突っ込んだ。

③第3時の授業展開例

本時の学習課題として、中心発問「『形』にはどんな意味があるのだろうか？」を据えます。それを解決していくために、まず第三場面の読み取りをしていきます。

T **新兵衛はなぜ猩々緋や唐冠を貸したことを後悔したのだろうか？**

この問いを考えるために、まず教材文に書いてあることに着目させていきます。

T 敵陣の雑兵が存分に戦っている様子は、どう描かれているだろうか？

S 「びくともしなかった」とあるので、落ち着いている様子がわかる。

S 猩々緋に突き乱された恨みを復讐しようとして、「たけり立っていた」とあるので、戦意に満ちていた様子が描かれている。

S 「どの雑兵もどの雑兵も十二分の力を新兵衛に対し発揮した」とあるので、次から次に雑兵が襲いかかってきたことがわかる。

ここでは「新兵衛の武具はどのように描かれているだろうか？」「なぜ新兵衛が二番槍を務める展開を取っているのだろうか？」といった表現の工夫や展開の工夫についても考えさせ、猩々緋の羽織や唐冠のかぶとの力が強調された語りについて意識させます。

続いて、新兵衛の心情を読み取っていきます。

T　新兵衛の心に隙はなかったのだろうか？

S　新兵衛の心に隙はあったと思う。自分が黒革縅の鎧と南蛮鉄のかぶとをかぶっていれば敵は普通の侍だと思ってかかってくるのが当たり前なのに、敵を前にして「いつもとは、勝手が違っていることに気がついた」と思ってしまうのはおかしいから。

S　周囲は新兵衛そのものよりも、新兵衛の「形」に影響されるようになってしまっていた。それがわからず、新兵衛の猩々緋と唐冠を借りに来た若い侍に「我らほどの肝魂を持たいではかなわぬことぞ」と言う新兵衛の言葉は悲しく聞こえる。

そして、新兵衛にとっての「形」の意味を考えさせたうえで、「形」にはどんな意味があるのか意見交換します。

T　「形」にはどんな意味があるのだろうか？

S　新兵衛が最後に若い侍に猩々緋と唐冠を貸したことを後悔したように、「形」は、自分では気づかないうちに頼っているものなのだろうと思った。

S　「形」は自分の一部ではあり、よく目立つものなのだけれど、本当の自分自身とは違うというのを雑兵に討たれた新兵衛の姿から感じた。

S　自分も雑兵と同じように、おそらく他の人の本当の姿ではなく「形」を見ているところもあるだろうと思う。

S　自分でまとった「形」に、自分自身がとらわれてしまうことがあることもわかった。

新兵衛にとっての猩々緋の羽織や唐冠のかぶとは、自分の強さを表す「形」でもあり、されども、自分自身を表し切ったものではないこと、また、「形」は見る者にとっての影響も大きいという解釈を改めて示し、それをどう考えるかは生徒に委ね、終了します。

第11章 故郷

1　教材解釈と単元構想

①単元の中心発問につながる教材解釈

本教材には、二十年来離れていた故郷に、身辺整理をするために戻り、再び故郷と離れるまでの「私」の姿が描かれています。

本教材の展開の仕方の大きな特徴は、「過去」と「現在」の往復です。過去と現在を往復している中で、「変化するもの」と「変化しないもの」が登場します。変化するものには大きく2つあります。

1つは「人間」です。例えば、ヤンおばさんは、かつては「豆腐屋小町」と呼ばれるほどの美貌を誇っていましたが、現在ではその面影はありません。最も詳しく変化が描かれているのはルントウです。三十年近く前には艶のいい丸顔でしたが、私と再会したときには黄ばんだ色になり、深いしわが畳まれています。私はルントウの変化の原因を「兵隊、匪賊、役人、地主、みんな寄ってたかって彼をいじめて」というように社会体制に求め、社会的状況により人は変わってしまうことを示しています。

変化するものとしてもう1つあげられるのは、「情景や色彩」です。過去の情景では、例えば、海は「五色の貝殻がある」「高潮の時分になると『跳ね魚』がいっぱい跳ねる」といった心を高揚させるものですが、現在は、故郷へ近づくにつれて「空模様は怪しくなり、冷たい風がヒューヒュー音を立てて」船の中に入り込むといった荒涼としたものとして描かれ、私の故郷に対する思いが重苦しいものに変化したことを表しています。

一方で、変化しないものも、大きく2つ描かれています。

その1つは「子ども」です。三十年前の私とルントウの関係と、現在のホンルとシュイションの関係は同様のものとして描かれています。私は子どもたちの関係を見て「互いに隔絶することのないように」と願っています。互いの社会的状況にはかかわりなく、仲よくなっていく子どもたちが描かれていることから、未来への希望を感じ取ることができます。

もう1つは、一部の「情景」です。

「紺碧の空に、金色の丸い月が懸かっている」という情景は冒頭にも終末にも登場します。過去の場面では明るい色彩や、楽しげな気分を誘う情景が描かれていて、現在の場面では陰鬱な雰囲気の色彩や情景が描かれている中で、終末のこの箇所は異質です。楽しかった昔のことを描いた叙述と同様の記述をすることと、冒頭では私の視線は月から地面の描写に降りているのが、終末では地面の描写から月を見上げるように描かれていることもあわせて、未来への希望が表されていると言えるでしょう。

このように見てくると、本教材から、社会の中で生きていくことに対する「絶望」と、「希望」の両方を感じ取ることができます。

これまでのところは、私を通して見た作品世界です。本教材は一貫して私の一人称で物語を展開させていますが、私は語り手が登場させたキャラクターです。私を相対化させ、私を通して語り手が表したかったことを考えることにより、本教材の確かな読みの実現が図られます。

したがって、本教材では**「語り手が描いたのは、『絶望』なのだろうか、『希望』なのだろうか？」**を中心発問として設定し、時間の変化により、変わったもの、変わらなかったものが表すことを考えたり、私を相対化したりして、多面的な読みをしていきます。

②単元構想と発問

本教材は大変長い文章です。したがって、第1時間目で行う教師の範読は、終わるまで生徒の集中力を切らさないようにしたいところです。そこで、2つの手立てを打ちます。

1つは、学習に対する目的意識をもたせることです。生徒は、もうすぐ中学校を卒業し、義務教育を終えます。一人一人が自立した社会人に近づくことが求められます。本教材にも多くの大人が登場しますが、彼らは社会の中でどのような生き方をしているのかを読み取り、自分のこれからの生き方を考える1つの材料としたいということを投げかけます。教師の範読をする際には、それぞれの人物がどんな生き方をしているのかを捉えることを意識しながら読むように声をかけます。

もう1つは、活動を入れることです。範読をした後、本時は生徒の感想を交流させ、その後、教材文の設定を確認していきます。そこで生徒には、範読を聞きながら、「時」「場所」「人物名」がわかる箇所が出てきたら、教科書の該当箇所に線を引かせます。

これらを行うことで、生徒は目的意識をもち、具体的な内容を把握しながら、より集中して範読を聞くことができます。範読を終えたら、感想を交流し、初読の印象の共通点や相違点に学び合います。その後、時・場所・人物を確認していきます。
第2時間目は、次の重要発問を投げかけ、仮のテーマの構築を目指します。

重要発問

「物語のテーマは何だろうか?」

このテーマに迫るために、まず、教材文全体のストーリー展開を押さえます。そして、私の心が最も大きく変わった箇所として、ルントウと再会した箇所、故郷を離れる船に乗っている箇所の2か所を見つけていきます。どちらをとるかでテーマは大きく変わります。そこで本時の終末に中心発問「語り手が描いたのは、『絶望』なのだろうか、『希望』なのだろうか?」を位置づけ、次時以降の追究の見通しをもたせます。
第3時間目は、次の重要発問を投げかけます。

重要発問

「それぞれの登場人物には、どのような意味があるのだろうか?」

それぞれの登場人物の現在と過去を比較させ、その原因を考えていきます。そのうえで、それぞれの人物にはどのような意味があるのかを考えさせます。
第4時間目は、物語の展開や表現の意図について考えていきます。

重要発問

「情景や色彩描写には、どのような意味があるのだろうか？」

この発問を投げかけ、情景描写や色彩表現が現在と過去でどのように異なるのか、その意図は何かを考えさせます。そのうえで、現在と過去を行き来する物語の展開にはどのような意味があるのかを考えさせます。
第5時間目はここまで学習したことを基にして、中心発問について考えていきます。

中心発問

「語り手が描いたのは、『絶望』なのだろうか、『希望』なのだろうか？」

この時間では、これまで学んできたことを根拠にして自分の立場を述べることとともに、仮構したテーマに対して、自分はどう考えるのかという自らの態度も表現させます。そうすることで、単元導入で示した学習の目的と対応した結びとします。

③発問で見る単元の見取図

中心発問

語り手が描いたのは、「絶望」なのだろうか、「希望」なのだろうか？

第一場面

故郷に帰る私

①真冬の候、私は身辺整理のため故郷に帰った。

物語の時間の流れはどのようになっているだろうか？

②私は故郷で過去を思い出し、様々な人物と再会する。

場面

過ごす私

凡例

中心発問につながる重要発問

補助発問・切り返し発問

回想の場面にはどのような意味があるのだろうか？

人物を過去と現在で比較してみよう。

子どもたちの関係を、過去と現在で比較してみよう。

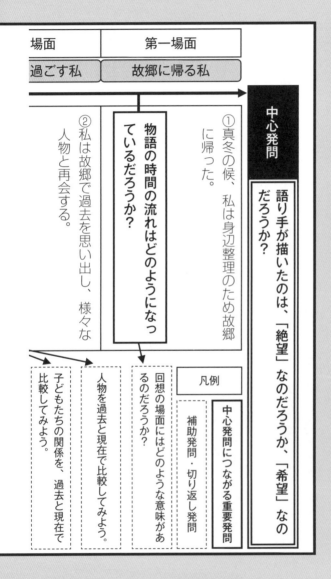

第二

故郷で

それぞれの登場人物には、どのような意味があるのだろうか？

視点を変えると、人物像は変化するだろうか？

第三場面

ルントウと再会する私

③私はルントウと再会するが、心は昔のように通じ合わない。

物語のテーマは何だろうか？

私の心が最も大きく変わったところはどこだろうか？

ルントウと再会して、私の心はどんな理由でどのように変わったのだろうか？

終末の場面で、私の心はどんな理由でどのように変わっていくだろうか？

第四場面

故郷を去る私

④私は家族と甥とともに、故郷を離れる。

情景や色彩描写には、どのような意味があるのだろうか？

「鉛色」「銀の首輪」などの色彩表現は、どのような意味をもっているのだろうか？

「金色の丸い月」は、どのような意味をもっているのだろうか？

2　発問を位置づけた単元計画

●単元の中心発問
◎単元の中心発問につながる重要発問
○各場面を読むための発問
△補助発問・生徒の反応に対する切り返し発問
・生徒の反応

時	生徒の学習活動	主な発問と反応
1時	1　学習への目的意識をもつ。 2　教師の範読を聞く。 3　感想を交流する。 4　物語の設定を確認する。	・人々の生き方について知り、自分の考えをもとう。 ・全体に暗い印象をもった。 ・少年時代は、私と一緒に遊んでいたルントウが、大人になると全然変わってしまっていた。人は年月が経つと変わってしまうことがわかる。 ・変わったのは、ルントウだけではなく、私も同じ。 ・時は、私が故郷を離れて二十年後の冬。 ・場所は私の故郷。 ・登場人物は、私、ルントウ、母、ヤンおばさん、ホンル、シュイション。

2時

1 本時の学習課題を設定する。
2 教材文全体のストーリー展開を押さえる。
3 「私」の心が最も大きく変わったのはどこか考える。
4 ルントウとの再会の場面での「私」の心情の変化について考える。
5 終末の場面での「私」の心情の変化について考える。
6 物語のテーマを考える。
7 単元を通して追究する中心課題をもつ。

◎**物語のテーマは何だろうか？**
・物語を大きく4つに分けると、第一場面は私が故郷に帰る場面、第二場面は私が故郷で体験した出来事、第三場面は私とルントウとの再会、第四場面は私が故郷を去る場面になる。
△**私の心が最も大きく変わったところはどこだろうか？**
・私がルントウと再会したところ。
・私が故郷を去る船の中。
△**ルントウと再会して、私の心はどんな理由でどのように変わったのだろうか？**
・ルントウが変わり果て、私に敬語を使うことで、互いの間に壁を感じた。
△**終末の場面で、私の心はどんな理由でどのように変わっていくだろうか？**
・憂鬱な気持ちから、未来への希望をもった。
・人の気持ちや性格は社会により変わってしまう。
・未来には希望がある。
●**語り手が描いたのは、「絶望」なのだろうか、「希望」なのだろうか？**

3時

1 本時の学習課題を設定する。

2 登場人物を、過去と現在で比較する。

・子どもたちの関係を昔と今で比較する。

3 視点を変えると人物像は変化するか考える。

◎それぞれの登場人物には、どのような意味があるのだろうか？

△人物を過去と現在で比較してみよう。

・ルントウは、昔は私と仲よく遊んでいたけれど、大人になったら私の心と大きく離れてしまった。

・ヤンおばさんは、昔は、豆腐屋小町と言われて、美人だったけれども、今は、コンパスのようになってしまった。

・私は故郷によい思い出があったが、今は故郷に対してよい印象をもてなくなっている。

・私とルントウが子どもだったころは、仲よく遊んでいた。

・ホンルとシュイションは仲よく遊んでいる。

・子ども時代には身分の差はない。

△視点を変えると、人物像は変化するだろうか？

・ルントウを私に変えて再会の場面を考えると、自分は日々生活していくのが大変ですっかり変わってしまったのに、大人になった私は、昔のような姿を望んでいて、気楽なものだと思っている。

4時

1 本時の学習課題を設定する。

2 色彩表現を取り出して、意味を考える。

3 情景描写を取り出して、意味を考える。

4 回想の場面の意味を考える。

◎情景や色彩描写には、どのような意味があるのだろうか？

△「鉛色」「銀の首輪」などの色彩表現は、どのような意味をもっているのだろうか？

・「鉛色」は私が故郷に帰るときの空の色。とても暗い感じがする。故郷を離れなければならない私の憂鬱な気持ちが表れている。

△「金色の丸い月」は、どのような意味をもっているのだろうか？

・金色の丸い月は、物語のはじめの方の、ルントウと遊んだころのことを思い出すところと、物語の終わりの船の中でまどろんでいるところに出てくる。両方とも、よいことを思うところでの登場が共通している。

◎物語の時間の流れはどのようになっているだろうか？

△回想の場面にはどのような意味があるのだろうか？

・色彩や情景については、回想の場面が明るく書かれていて、現在の場面は、暗く書かれている。

・物語のストーリーも同じで、過去はよい時代で、現在は時代が悪くなっていることを、2つの時間を示すことで表している。

5時	1 本時の学習課題を設定する。 2 「絶望」と結びつく根拠になりうるところを出し合う。 3 「希望」と結びつく根拠になりうるところを出し合う。 4 学習課題に対する自分の考えをもち、意見交換する。	**●語り手が描いたのは、「絶望」なのだろうか、「希望」なのだろうか?** ・私はルントウと会ったときに2人の立場が隔絶されていると感じている。 ・物語がわざわざ過去のことを詳しく描くことで、現在のよくない状況に対して、過去のよさを際立たせている。 ・過去の場面に登場する色彩表現や情景は明るいけれど、現在の場面に登場する色彩表現や情景は暗い。 ・最後に私が乗っている船の中で、私は未来に対する希望を願っている。 ・「金色の丸い月」は、過去のルントウとの楽しかった思い出と故郷を離れる船の中でまどろむ私の心の中に登場する。過去と同じような明るい世界を願っていることが表れている。 ・語り手がこの物語で描きたかったのは「絶望」だと思う。故郷は荒れて、変わってしまい、人の心もすさんでいる。懐かしい友人には昔の面影はなく、気持ちや立場が離れたことを思い知らされた。使われている色彩や情景も、語り手が描いている現在では、暗いもの

5　語り手の描いていることに対する考えをもち、交流する。
が多い。だから、語り手は「絶望」を描いている。 ・語り手がこの作品で描いているのは、「希望」だと思う。故郷を離れる船の中で、私は希望をもったり、打ち消したりと心が揺れているけれど、最後には、多くの人が道を拓くことに期待している。それから、「金色の丸い月」が出てくるところは、最後の場面では、私の目線は緑の砂地から空へと上に上がっているので、目線の動きからも希望が感じられる。 ・描かれていることが「絶望」という立場からすると、それは今も似ていると思う。小学生のころは仲がよくても、今、勉強の成績や部活動での位置といった違いで、関係が変わってしまった友だちがいるから。 ・描かれていることは「希望」だとは思うけれども、私に表れている考え方は、世の中が悪くて、人々の心も荒れてしまった。だから、若い世代に期待したいというもので、人に頼っているような気がする。 ・人に頼っている気がするのは同感。でも、語り手はわざわざそういった人を登場させている気がする。それだけ世の中をつくるのは難しいのだと思う。

3　授業展開例

①第2時の授業展開例

本単元では、語り手が描いているのは、「絶望」なのだろうか、「希望」なのだろうかということについて追究することを目指していきます。

本時は、その疑問を、教材文のテーマを考えさせることによって導き出していく役割をもっています。

まず、重要発問を投げかけ、本時の学習課題を設定します。

T　**物語のテーマは何だろうか？**

長い教材文なので、テーマを考える前に、前時に把握した物語の設定を思い出しながら、場面分けをして、物語の展開を把握させます。

本時は、私の心情の変化を読み取り、テーマを考えていくことが中心の活動となっているため、場面を分けていく活動は、効率よく進めます。

T　物語を場所や登場人物の違いを基準にして4つに分けましょう。はじめとおわりの場面は、場所を基準にすぐに分けられます。どうなるだろうか?

S　はじめは、船に乗り故郷に来る場面、おわりは船に乗り故郷を離れる場面。

T　中の2つの場面は、主要な登場人物を基準に分けられます。

S　中の前半はルントウと再会する前の故郷での出来事。中の後半はルントウとの再会。

場面の展開を頭に入れたうえで、テーマを考えていきます。

T　私の心が最も大きく変わったところはどこだろうか?

S　私がルントウと再会したところ。

S　私が故郷を去る船の中。

まず、私の心情が大きく変化したところを2つに絞ったら、それぞれの箇所について詳しく見ていきます。

T　ルントウと再会して、私の心はどんな理由でどのように変わったのだろうか？

S　私は故郷に帰ってから、幼いころにルントウと友だちになって遊んだことを詳しく思い出して、とても懐かしく思っている。けれども、ルントウに実際に会うと、懐かしい思い出は、せき止められたように話せなかった。ルントウからは「旦那様」と言われた。再会したルントウの姿から私自身も2人の違いを感じたし、ルントウも2人の違いを感じているのを知り、2人の間に「悲しむべき厚い壁」を感じた。

S　私にとって昔は懐かしいものだったが、ルントウとの間に「悲しむべき厚い壁」があることに気づいて、今は、立場の違いによって人の心は通じ合わなくなる世の中に失望している。

終末の場面についても同様に扱います。

T　終末の場面で、私の心はどんな理由でどのように変わっていくだろうか?
S　自分の周りに目に見えぬ高い壁があり、取り残されたような孤独な気持ちだったが、ホンルとシュイションが仲よくなったことから、若い世代には互いに隔絶することのないように、新しい生活をしてほしいという期待をもった。
S　その自分の考えている希望は手に入りにくいものだが、多くの人の力により、実現してほしいと願っている。

ルントウと私の再会の場面を読むと、語り手は社会を悲観的に捉えていることが伝わってきます。また、終末の場面を読むと、世の中を変えていくのは難しいということと、変えていくには多くの人の力が必要であるという捉えが伝わってきます。ここで、語り手は絶望と希望のどちらを描きたかったのかという問いをもたせ、次時以降につなげます。

T　語り手が描いたのは、「絶望」なのだろうか、「希望」なのだろうか?

②第3時の授業展開例

語り手は絶望を描いたのか希望を描いたのかという問いに対する答えを考えていくために、本時と次時では教材文を多面的に読んでいきます。

本時は、登場人物の描き方に焦点を当てて考えていきます。生徒には、まず単元を通した学習課題の確認をします。その解決のために、観点を変えて教材文を読んでいくという意図を説明し、本時の学習課題を投げかけます。

T　**それぞれの登場人物には、どのような意味があるのだろうか？**

はじめに、登場人物の比較をします。

T　人物を過去と現在で比較してみよう。

S　ルントウは、昔は私と仲よく遊んでいたけれど、大人になったら私の心と大きく離れてしまった。

S　ルントウの見た目は、昔は艶のいい丸顔だったのが、現在は「黄ばんだ色に変わり、しかも深いしわが畳まれていた」というように、不健康な感じになっている。
S　ヤンおばさんは、昔は、「豆腐屋小町と言われて、美人だったけれども、今は、コンパスのようになってしまった。
S　私は故郷によい思い出があったが、今は故郷に対してよい印象をもてなくなっている。
T　ルントウはなぜ変わってしまったのだろうか?
S　子だくさん、凶作、重い税金、兵隊、匪賊、役人、地主などによっていじめられたから。
T　子どもについても比較してみましょう。
S　昔、私とルントウが子どもだったころは、仲よく遊んでいた。
S　現在でも、ホンルとシュイションは仲よく遊んでいる。
S　子ども時代には身分の差がない。

現在と過去を比較することによって、かつて私が故郷で出会った人々は皆、心が荒れ、苦しい経済状況になっていることを読み取らせます。そのような中ですが、過去も現在も子ども同士の関係は、それぞれの親の社会的立場とは関係なく、仲がよいことを読み取らせます。

ここでもう1つ読ませたいことは、私の設定です。過去を懐かしみ、現在の状況を憂うる私は、公平な感覚をもった、意識が高い人のように読めます。けれども、ルントウやヤンおばさんに対しては、ルントウのことを「相変わらずの偶像崇拝」と言っていることに代表されるように、社会的階級の上の者が下の者を蔑む意識が読み取れます。それは、ルントウに視点を移して読ませることではっきりします。

T 視点を変えると、人物像は変化するだろうか?

S ルントウを私に変えて再会の場面を考えると、自分は日々生活していくのが大変ですっかり変わってしまったのに、大人になった私は昔のような姿を望んでいて、気楽なものだと思っている。

私の考え方も相対化することで、より多面的な読みにつながります。

③第4時の授業展開例

語り手の描いている作品世界に迫るためには、登場人物の言動に着目することも必要ですが、情景や色彩描写等がどのような雰囲気を形づくっているのかを探っていくことも重要です。

また、教材文全体がどのような展開の仕方を取っているかを把握し、その意味を考えていくことも重要です。

以上のことを本時の活動を行う意図として生徒に説明し、本時の学習に入ります。

まず、本時の学習課題を設定します。

T　**情景や色彩描写には、どのような意味があるのだろうか?**

はじめに色彩表現から見ていきます。

T　「鉛色」「銀の首輪」などの色彩表現は、どのような意味をもっているのだろうか?

S 「鉛色」は、私が故郷に帰るときの空の色。とても暗い感じがする。故郷を離れなければならない私の憂鬱な気持ちが表れている。

S 「銀の首輪」は、少年時代のルントウがつけていたもの。少年時代の思い出は私にとって楽しいものとして描かれているが、「銀」という輝く色を使うことで、少年時代の楽しさや思い出の美しさを描いている。

クラス全体で、色彩表現の分析を行い、活動のモデルを意識づけてから、個人追究を行い各自で考えさせたうえで、読み取ったことを共有します。

色彩表現の読みを行うことで、生徒は考え方の理解ができているので、情景描写についてはモデル学習は行わず、個人追究を行い、全体で共有します。

S 冒頭の「冷たい風がヒューヒュー音を立てて、船の中まで吹き込んできた」は、私の気が重い心を表している。それに故郷の人々の冷たさを暗示している。船の中まで吹き込んできたのだから、船を自分の心に見立てると、心の中が傷つくくらい、故郷の人々が冷たかったり、故郷での体験が悲しいものになったりすることを表している。

S　ルントウとの思い出の場面で「紺碧の空に、金色の丸い月」という情景描写がある。暗闇に浮かぶ金色の満月が輝いているというのは、昔のルントウとの思い出がとても輝いていた、楽しかったということを表している。

「金色の丸い月」についての読み取りについては、立ち止まって詳しく読んでいきます。語り手が描いたのは何かという問いにも直結する箇所なのでしっかりと扱いたいところです。

T　「金色の丸い月」は、どのような意味をもっているのだろうか？
S　金色の丸い月は、物語の終わりの船の中でまどろんでいるところにも出てくる。両方とも、よいことを思うところでの登場が共通している。
T　2つの描写はよく似ていますが、違っているところはありますか？
S　私の目線は、ルントウとの思い出を書いているところでは上の月から下の砂地へと降りていきます。終末では、反対に砂地から、空に目線が上がっています。
T　これはどういう意味だろうか？

S　はじめは、楽しい思い出を引き出すこの表現をして、その先に銀の首輪をつるし、鉄の刺叉を手にした少年を描いて、その後ルントウの名前を出していて、だんだんルントウの思い出をクローズアップさせている。終末では、私の目線が上に上がるようにして、未来に向けて期待をもち前向きな気持ちになっていることを示している。

次いで、物語の時間の流れの特徴について考えていきます。

T　回想の場面にはどのような意味があるのだろうか?
S　色彩や情景については、回想の場面が明るく書かれていて、現在の場面は暗く書かれている。それに物語のストーリーも、過去はいい時代で、現在は時代が悪くなっていることを2つの時間を示すことで表している。

第3、4時間目で学んだ登場人物の意味、色彩表現や情景描写の意味、物語の展開の意味を基に、次時に単元の中心発問を追究します。

おわりに

最後に、本書を活用して授業を進めていく場合に留意していただきたいことを2つ述べたいと思います。

1つは、生徒の意見の根拠をはっきりさせることです。「あなたの意見の根拠は、教科書のどこに書いてありますか？」という発問に対して、具体的な叙述をあげ、常に確かな読みができるような生徒の育成を目指したいところです。

もう1つは、「なぜそう考えたのですか？」と問い、生徒の思考を顕在化させることです。「自分を重ねてみて」といった同化の思考、「『鉛色の空』という言葉のイメージは…」といった具体化の思考、このような生徒の考えが出されたときに、教師が位置づけて共有を促すことが、各自の読み方の拡張に大きく貢献します。

また、本書では1時間あたりの発問を多めに示してあります。実際の授業においては、生徒の実態に合わせて、選択して投げかけていただければと思います。生徒の反応例も数多く示しているので、先生方の教材解釈と比較しつつ、ご自身の授業をつくっていただければと思います。

最後になりますが、本書を上梓するにあたりご尽力くださった明治図書出版教育書編集部の矢口郁雄氏に心より感謝申し上げます。

２０２２年５月

小林　康宏

【著者紹介】

小林　康宏（こばやし　やすひろ）

長野県生まれ。横浜国立大学大学院修了後，長野県内の公立小中学校に勤務。元長野県教育委員会指導主事。現・和歌山信愛大学教授。

日本国語教育学会理事。全国大学国語教育学会会員。きのくに国語の会顧問。東京書籍小学校国語教科書「新しい国語」編集委員。東京書籍中学校国語教科書「新しい国語」編集委員。

単著に『ICT 活用から思考ツールまで　中学校国語の板書づくり　アイデアブック』『WHY でわかる　HOW でできる　中学校国語授業アップデート』『大事なことがまるっとわかる　研究主任１年目の教科書』『中学校　国語の授業がもっとうまくなる50の技』『見方・つくり方のすべてがわかる　研究授業パーフェクトガイドブック』『「言葉による見方・考え方」を育てる！　子どもに確かな力がつく授業づくり７の原則×発問＆指示』『基幹学力をつくる音声言語活動』（以上，明治図書），『小学校国語　「見方・考え方」が働く授業デザイン』『問題解決型国語学習を成功させる「見方・考え方」スイッチ発問』（東洋館出版社）

中学校国語　文学の発問大全

2022年６月初版第１刷刊　©著　者　小　林　康　宏
発行者　藤　原　光　政
発行所　明治図書出版株式会社
http://www.meijitosho.co.jp
（企画）矢口郁雄（校正）大内奈々子
〒114-0023　東京都北区滝野川7-46-1
振替00160-5-151318　電話03(5907)6701
ご注文窓口　電話03(5907)6668

＊検印省略　組版所　株式会社木元省美堂

Printed in Japan　ISBN978-4-18-307222-1

中学校

国語の授業がもっとうまくなる50の技

小林 康宏
Kobayashi Yasuhiro

ワンランク上の国語授業を目指す全ての先生のために

教科書に沿って無難に授業はできるけど、それだけでは物足りない。そんな先生が国語授業の質を一段引き上げるための一冊。より厚みのある単元、１時間の授業のつくり方から、より効果的な板書、発問の仕方まで、国語授業名人が絶対外せない 50 の技を伝授。

152 ページ A５判 定価 2,090 円（10%税込） 図書番号：2932

もくじ

明治図書 携帯・スマートフォンからは **明治図書 ONLINE へ** 書籍の検索、注文ができます。▶▶▶
http://www.meijitosho.co.jp ＊併記４桁の図書番号（英数字）でHP、携帯での検索・注文が簡単に行えます。
〒114－0023 東京都北区滝野川７－46－１ ご注文窓口 TEL 03－5907－6668 FAX 050－3156－2790